Walter Krämer, Roland Kaehlbrandt
Plastikdeutsch

SERIE PIPER

Zu diesem Buch

Aber also ich sag mal, ohne das jetzt ausdiskutieren zu wollen: Ein Stück weit ist es schon so, daß die Sprache strukturell schlecht aufgestellt ist, die Performance ist voll suboptimal. Oder so ähnlich ... In diesem Lexikon versammeln Walter Krämer und Roland Kaehlbrandt die prominentesten Sprachverirrungen, die uns täglich begegnen. Da ist das Politdeutsch, das verschleiert, worum es eigentlich geht (Rückbau!, Gegenfinanzierung!), ebenso wie die halbgebildete Feuilleton-Sprache, das »smarte« Beraterdeutsch, wo es von unverstandenen Anglizismen nur so wimmelt, und natürlich das verräterische Konsumdeutsch, wo eine widernatürliche Züchtung zur »Ganzjahrestomate« veredelt und umgelogen wird. Ein Lexikon zum Lachen, zum Schmunzeln oder einfach zum Kopfschütteln!

Walter Krämer, geboren 1948, ist Professor für Wirtschafts- und Sozialstatistik an der Universität Dortmund. Er ist Autor vieler Bestseller, darunter das »Lexikon der populären Irrtümer«, und Vorsitzender des »Vereins Deutsche Sprache e.V.« (www.vds-ev.de). Zuletzt erschien von ihm »Wir können alles, sogar besser. Wo Deutschland wirklich gut ist«.

Roland Kaehlbrandt, geboren 1953, hat zahlreiche Sprachkolumnen in überregionalen Tages- und Wochenzeitungen und erfolgreiche Sachbücher wie den ironischen Sprachführer »Deutsch für Eliten« und »Das bunte deutsche Bestiarium« geschrieben.

Walter Krämer
Roland Kaehlbrandt

Plastikdeutsch

Ein Lexikon der Sprachverirrungen

Piper München Zürich

Mehr über unsere Autoren und Bücher:
www.piper.de

Von Walter Krämer liegen bei Piper im Taschenbuch vor:
So lügt man mit Statistik
Statistik verstehen
Denkste!
Lexikon der populären Irrtümer (mit Götz Trenkler)
Das neue Lexikon der populären Irrtümer (mit Götz Trenkler und Denis Krämer)
Das Beste aus dem Lexikon der populären Irrtümer (mit Götz Trenkler)
Lexikon der populären Sprachirrtümer (mit Wolfgang Sauer)
Plastikdeutsch (mit Roland Kaehlbrandt)

FSC
Mix
Produktgruppe aus vorbildlich bewirtschafteten Wäldern und anderen kontrollierten Herkünften
www.fsc.org Zert.-Nr. GFA-COC-1223
© 1996 Forest Stewardship Council

Ungekürzte Taschenbuchausgabe
Februar 2009

unter dem Titel: »Die Ganzjahrestomate und anderes Plastikdeutsch.
Ein Lexikon der Sprachverirrungen«
Umschlag: Büro Hamburg. Anja Grimm, Stefanie Levers
Bildredaktion: Büro Hamburg. Alke Bücking, Charlotte Wippermann
Umschlagfoto: Daniel Day/gettyimages
Autorenfotos: Michael Kirchner
Satz: Satz für Satz. Barbara Reischmann, Leutkirch
Papier: Munken Print von Arctic Paper Munkedals AB, Schweden
Druck und Bindung: CPI – Clausen & Bosse, Leck
Printed in Germany ISBN 978-3-492-25317-8

Inhalt

Vorwort

Neue Wörter sammeln ist wie Augenblicke sammeln. Wir haben die neuen Wörter der Jahre Null, also der Jahre seit 2000, gesammelt. Sie erinnern an Zeitausschnitte, die wir erlebt haben. Die Politik der »ruhigen Hand«, die sich der frühere Kanzler Gerhard Schröder vergeblich herbeisehnte. Die Windräder, welche die Landschaften »verspargeln«. Oder die »Erlebnisbäder«, mit denen sich jede Kommune schmückt, die etwas auf sich hält. Sie verdrängen das alte Freibad mit seiner 50-Meter-Bahn und den ewigen Langstreckenschwimmern. Oder auch der aktuelle Lieblingsausdruck der Jugend, »voll«: »Boa, guck mal, das ist ja voll das leere Kino!«

Um es gleich zu sagen: Schöner ist die deutsche Sprache in den Jahren Null nicht geworden. Werbeleute, Unternehmensberater, Politiker und Bürokraten basteln sich Wörter für den schnellen Verbrauch, und so sind diese Wörter auch: Es sind Plastikwörter.* Begriffe, die rasch geformt, rasch massenhaft verbreitet und ebenso rasch wieder eingeschmolzen werden. Wörter wie »Bescheidrückübermittlung«, »bildungsferner Migrationshintergrund« oder »dezentrales Kriminalitätsaufkommen«. Über diese Formulierungen kann man sich ärgern. Die meisten neuen Wörter, die wir gesammelt haben, sind aber zum Lachen, zum Schmunzeln oder einfach zum Kopfschütteln.

* Der Begriff stammt von Uwe Pörksen.

Plastikwörter sind so etwas wie Sprachmüll. Und der hat die Eigenschaft, beim näheren Hinsehen die menschlichen Schwächen seiner Schöpfer und Nutzer zutage zu fördern. Hinter den Plastikwörtern stecken zum Beispiel Triebkräfte wie Eitelkeit und Wichtigtuerei – etwa wenn ein Berater von »sektorübergreifender Vernetzung« faselt. Oder wenn ein Referent mit großer Geste einen »weitergehenden Vorentwurf« ankündigt. Abgehobenheit und Realitätsferne zeigen sich in Anglizismen wie dem »Master of Education«, der allen Ernstes den Lehrer ablösen soll, oder auch in der großspurigen Aktion »brain up«, mit der deutsche Hochschulen aufgemöbelt werden sollen.

Woher kommen die meisten neuen Wörter in unserem Buch? Besonders produktiv ist die Bürokratie mit formschönen Neuerungen wie »fußläufiger Nahbereich«, »existenzgründungsfreundlich« oder »besterschlossenstes Planquadrat«. Dazu gehören auch Begriffe der rot-grünen Regierungszeit, an denen man ablesen kann, wie sich die politischen Träume der Grünen im Regierungsgeschäft verbürokratisierten: »verpartnern«, »verpfanden«, »Pfandkonsens«, »Fehlwurfquote«. Die Sprache der Politiker ist Quelle neuer Wörter und Wendungen wie zum Beispiel »fair und konstruktiv«, »bildungsfernes Elternhaus« oder »Migrationshintergrund«. Auch beliebte sprachliche Wichtigtuereien wie »Gipfel«, »Agenda« und »Arena« zählen dazu.

Lieferant für Blähwörter ist auch die Wirtschaft, vor allem Werbeleute und Berater. Sie bringen Formulierungen in Umlauf, die dynamisch klingen, aber beim näheren Hinhören nichts Greifbares bedeuten: vom »eingeschwungenen Endzustand« bis zur »Gewinnwarnung« – die in Wirklichkeit die Warnung vor ausbleibendem Gewinn ist. Daß die großen Strategen ihrem Nachwuchs ausdrücklich auch

»Reale-Welt-Kenntnis« vermitteln wollen, ist eher beunruhigend – verstünde sich das nicht von selbst?

Auch die Tourismusbranche ist wortschöpfend zugange. Hier tobt sich die Erlebnisgesellschaft in Wörtern aus. Deutschland, verregnet und arbeitsam? Weit gefehlt. Willkommen im »Verwöhnstandort Deutschland« mit seinem »Wohlfühl-Feeling«! Hier lebt es sich »bauchgesteuert«. (Übrigens: noch gibt es das Verb »bauchsteuern« nicht im Infinitiv. Das wäre etwas für die kommenden Jahre: »Wir müssen unsere Kampagne mehr bauchsteuern.«) Doch zur »Wellness« gehört auch Fitsein. Vorbei die Zeit, da man mit einem Spazierstock im Frühtau zu Berge zog. Heute müssen es schon zwei Stöcke sein. »Nordic Walking« heißt das.

Bei aller Dynamik – es hält sich auch die Betulichkeit aus den nach-68er Jahren. Einige Wörter dieser Zeit haben wir aufgenommen, wenn sie sich gehalten haben wie zum Beispiel »Ängste« – oder wenn sich aus ihrem Material wieder neue Wörter gebildet haben: So wird das schon ältere »andiskutieren« als Muster genommen für das übervorsichtige, zaghafte »andenken« in »das muß ich erst einmal andenken«. Neu ist auch, daß man nicht mehr schlicht genervt ist, sondern es dazu eine Vorstufe nach demselben Muster gibt: »Ich bin ganz schön angenervt.«

In den letzten sechs, sieben Jahren haben wir alles an Wörtern gesammelt, was uns auffiel: in Gesprächen, bei Vorträgen, beim Zeitunglesen, beim Fernsehen. So ist eine Sammlung von mehreren hundert Wörtern der letzten Jahre zusammengekommen. Eine Sammlung von Wörtern, die man zu Recht als Plastikwörter bezeichnen kann. Sie passen sich bedingungslos dem Zeitgeist an – und bringen ihn gleichzeitig mit hervor. Das macht sie nicht gerade schön, oft auch dumm, einfältig, aufgeblasen – aber immer wieder interessant und unfreiwillig komisch. Zu Beginn der Jahre Null wurde geraunt, es stünde eine Zeit der »neuen Ernsthaftigkeit« bevor. An Wörtern, die zum Lachen reizen, hat die Zeit aber auf jeden Fall genug hervorgebracht. Und deshalb haben wir gemeint, daß wir sie unseren Lesern nicht vorenthalten sollten.

Roland Kaehlbrandt und Walter Krämer

Plastikdeutsch – die Sprache der Jahre Null

»Wenn die Sprache nicht stimmt, so ist das,
was gesagt wird, nicht das, was gemeint ist;
ist das, was gesagt wird, nicht das, was gemeint ist,
so kommen die Werke nicht zustande;
kommen die Werke nicht zustande,
so gedeihen Moral und Kunst nicht;
gedeihen Moral und Kunst nicht, so trifft das Recht nicht;
trifft das Recht nicht, so weiß die Nation nicht,
wohin Hand und Fuß setzen;
also dulde man keine Willkürlichkeit in den Worten,
das ist es, worauf es ankommt.«

Konfuzius (551–479 v. Chr.)

A

»Die Sprache ist ein Spiegel einer Nation;
wenn wir in diesen Spiegel schauen,
so kommt uns ein großes,
treffliches Bild von uns selbst
daraus entgegen.«

Friedrich Schiller (1759–1805)

abbilden »Wir müssen die Lohnkosten abbilden«, sagt der Manager und meint nicht etwa, daß deren Höhe oder Verlauf auf eine Folie übertragen wird, sondern schlicht, daß sie bei Entscheidungen – zum Beispiel der beliebten Verlagerung eines Standorts ins Ausland – berücksichtigt werden. Abbilden wird hier ähnlich irreführend gebraucht wie darstellen in der Aussage: »Die Kosten können wir nicht darstellen« im Sinne von »nicht tragen«. Warum einfach, wenn es auch in Rätseln geht?

aber also ich sag mal Die moderne Volksausgabe von »ich würde meinen«. Erlaubt eine kleine (aber selten genutzte) Denkpause, bevor man wirklich etwas sagt. »Aber also ich sag mal, Triple A ist einer der geilsten Läden von ganz Köln«, läßt uns eine gewisse Tina in einer Internet-Schwatzrunde wissen, als stilvoller Auftakt zu einer gemütlichen Netzplauderei. Aber ganz so geil ist dieser Laden dann doch wieder nicht: Denn »manchmal sind da wirklich zu viele Fünfzigjährige«!

abholen Was für den Manager das Abbilden, ist für den Politiker das Abholen. Man spricht die Wähler nicht mehr an, man holt sie ab. Und zwar überall. »Wir müssen die Menschen abholen, wo sie leben, wo sie arbeiten, wo sie spielen«, bekennt ein Politiker nach einer wegen Rekordwahlenthaltung aufgefallenen Landtagswahl. Gemeint ist: Sie müssen noch besser umworben werden, damit sie zu möglichst vielem ja und amen sagen.

Auch Journalisten holen heute gerne ab. »Moderne Zielgruppen-Publizistik muß die Menschen abholen, nicht umgekehrt«, kann man in einem Leitfaden für Zeitungsmacher lesen.

Siehe auch »bei jemandem sein«.

Abwanderungszone Daß wir Deutschen uns nicht die Zone abgewöhnen können! Ostzone, Sowjetzone, Fußgängerzone – seit neustem machen die Abwanderungszonen Furore. Gemeint sind jene Gebiete der Republik, die in den nächsten Jahren erhebliche Teile ihrer Bevölkerung durch Abwanderung verlieren werden. Das einzig Beruhigende: Dann muß es logischerweise auch Einwanderungszonen geben.

Siehe auch »dörfliche Restbevölkerung«.

abwarten müssen Ewig junges Politikerdeutsch für »Die Sache wird vermutlich schiefgehen, aber ich habe damit nichts zu tun«. Der Zwang zum Abwarten kommt fast nur in der ersten Person Mehrzahl Zukunft vor und wälzt so die Verantwortung gleich zweifach ab, auf die Zukunft und auf andere Personen, denen man die Sache auch noch anlasten könnte. »Wir werden die nächste außerordentliche Justizministerkonferenz im Juni abwarten müssen und sehen, auf welche Vorschläge sich die Länder konkret einigen«, sagt Bundesjustizministerin Brigitte Zypries und meint: Die Sache können wir vergessen. Und wenn der ehemalige Verteidigungsminister Struck zur internationalen Wiederaufbauhilfe im Irak sagt: »Ob es dazu kommt, wird man abwarten müssen«, meint er: Das kann bis zum Sankt-Nimmerleins-Tag dauern. Oder CDU-Fraktionschef Volker Kauder zur Reform der Finanzverfassung. »Kommt es überhaupt zur Reform der Finanzverfassung, oder ist das Scheitern vorprogrammiert?« fragt ihn die *Welt*. Kauder: »Das müssen wir abwarten.«

Auch der Untergang Europas muß abgewartet werden. Den Westen könne es vielleicht in 100 Jahren nicht mehr geben, sorgte sich die Hamburger *Zeit* in einem Gespräch mit Joschka Fischer. Darauf Fischer: »Das werden wir abwarten müssen.«

Wie wäre es statt dessen mit handeln?

Achse des Bösen Ein bemerkenswerter transatlantischer Beitrag zur deutschen Sprache, nämlich die Kombination von Winston Churchills Begriff der Achsenmächte und Ronald Reagans Wortschöpfung vom Reich des Bösen.

Der große Widersacher der Achse des Bösen ist die Allianz der Guten.

Siehe auch »Aufstand der Anständigen«.

adressieren Das bedeutet nicht etwa das Beschriften oder das Bekleben von Umschlägen mit Adreßetiketten – das war einmal. In der modernen Beratersprache werden nicht Briefumschläge, sondern Menschen adressiert. »Wir müssen die neuen Zielgruppen adäquat adressieren«, heißt es bedeutungsschwanger.

Adressieren ist ein einseitiger Vorgang: A adressiert B. Glücklicherweise ist die Wirklichkeit nicht ganz so einfach. Da kommt es nämlich auch darauf an, wie B den A adressiert, damit die Kommunikation gelingt.

Adventskultur »Ein Streifzug durch 100 Jahre europäische Adventskultur« erwarte, so die *Welt*, im Museum Europäischer Kultur den weihnachtlich gestimmten Gast. Sofern die Adventskultur bis dahin nicht mangels Pflege eingegangen ist: »An der Art und Weise, wie wir als Christen selbst eine Adventskultur pflegen, werden andere ablesen können, wie ernst wir selbst das Kirchenjahr mit seinen heilsamen Rhythmen nehmen«, mahnt weise der evangelische Landesbischof von Baden-Württemberg. So viel Kultur war noch nie!

Siehe auch »Entfeindungskultur«.

Agenda Was auf der Tagesordnung steht, muß lästigerweise auch am jeweiligen Tag behandelt werden. Da hilft die Agenda aus, die anders als das deutsche Wort glücklicherweise keine Bearbeitungsfrist setzt. Das macht sie auch so populär.

Zur größten Bekanntheit hat es die Agenda 2010 gebracht. Hier stand zwar das Datum fest, doch wußte die breite Öffentlichkeit gar nicht, was Agenda bedeutet. Und so blieb im Bewußtsein, daß irgend etwas bis zum Jahr 2010 geschehen sollte. Das war hinreichend ungenau und weit genug entfernt, um niemanden ernstlich zu beunruhigen. Deshalb gibt es auch: Lissabon-Agenda, Reform-Agenda, Agenda Sozial, Agenda 21.

Agrarwende Nachdem unsere Agrarpolitiker mehrere hundert Millionen Euro für das Keulen unschuldiger Kühe und für das Entsorgen größtenteils untadeligen Rindfleischs aus dem Fenster geworfen hatten, erfanden sie die Agrarwende und tauften die zuständige Behörde – das Bundesministerium für Ernährung, Landwirtschaft und Forsten – um. Es hieß seit dem Jahr 2001 »Bundesministerium für Verbraucherschutz, Ernährung und Landwirtschaft«. Wenigstens dieser Teil der Agrarwende war kostenlos.

Am 22. November 2005 wurde daraus dann das »Bundesministerium für Ernährung, Landwirtschaft und Verbraucherschutz«. Damit ist noch für vier weitere preiswerte Agrarwenden Platz – von den insgesamt sechs Möglichkeiten, die Wörter Ernährung, Landwirtschaft und Verbraucherschutz zu ordnen, sind erst zwei verbraucht.

Aktivitäten Hier treibt die modische Flucht in die Mehrzahl eine ihrer traurigsten Blüten. Unsere Aktivitäten waren sehr erfolgreich. Ja, welche denn? Indem man das, was man tut, in die Mehrzahl setzt, läßt man die Botschaft unbestimmt. Das ist Absicht: Die Mehrzahl soll beeindrucken, so daß keine weiteren Fragen gestellt werden.

Siehe auch »Befindlichkeiten«.

Aktivpause Anders als eine Passivpause, in der man sich ausruht und die nichts anderes ist als die gute alte Pause, fordert die Aktivpause unsere rastlose Betriebsamkeit, zum Beispiel bei Müdigkeit auf langen Autostrecken. Auf deutsch: aussteigen, drei Kniebeugen und weiterfahren. Die Aktivpause ist deshalb auch eigentlich keine Pause, sondern eine Unterbrechung. Aktivpausen passen gut in unser Jahrzehnt stählerner Fitneß, die kompromißlos in jeder freien Sekunde in den Muckibuden des Landes erworben wird. Die Aktivpause mit Hanteltraining auf dem Firmenparkplatz ersetzt die Verschnaufpause seligen Angedenkens.

Aldisierung Das Wort des Jahres 2005 in Liechtenstein. »Aldisierung steht als Synonym für die hohe Erwartungshaltung unserer Gesellschaft an alles Neue aus dem Ausland«, schreibt die Jury zur Begründung.

Natürlich ist nichts dagegen einzuwenden, wenn der erfolgreichste deutsche Einzelhändler nun auch unsere Sprache bereichert. Aber werden wir demnächst auch die Ikeisierung unseres Wohngefühls oder die McDonaldisierung unserer Eßgewohnheiten erleben?

Alleinstellungsmerkmal In einer immer ähnlicher werdenden Produktwelt suchen die Wettbewerber das Alleinstellungsmerkmal. Es soll ihnen den entscheidenden Marktvorteil verschafften.

Der Begriff ist nicht neu, aber neu ist, daß wir ihn jetzt wörtlich nehmen dürfen: In unserer Ego-Gesellschaft wird das Leben ohne Kinder für immer breitere Schichten zum Normalfall. Diese Lebensform verschafft nun demjenigen, der sich zu ihr bekennt, Alleinstellungsmerkmale im wörtlichen Sinne: nämlich die Gewöhnung an eine Existenz, in der er allein ist, allein sich selbst verantwortlich ist und in der er seine Kraft allein für seine eigene Stellung einsetzt. Auf Wiedersehen im Alter!

alles klar! Mit »alles klar!« endet inzwischen jede zweite Begegnung. Je lauter man sich allerdings auf diese Weise verabschiedet, desto unklarer ist die Lage gewöhnlich. So gleicht »alles klar!« einer Anrufung oder einer Beschwörung der Klarheit in unklarer Situation. Der Ausruf hat außerdem die Rolle einer Unterwerfungsformel unter der Bedingung scheinbarer Gleichheit angenommen. Statt wie früher demütig »zu Diensten!« heißt es heute beruhigend »alles klar«.

Allianz Bündnisse und Koalitionen sterben aus, statt dessen blühen die Allianzen. In Norddeutschland gibt es eine »Allianz für Olympia 2016 in Hamburg«. Die »Allianz pro

Schiene« begrüßte die geplante Einführung der Lkw-Maut auf einigen Bundesstraßen. Und der japanische Autobauer Toyota erwägt eine Allianz mit seinem US-Rivalen General Motors.

Allianzen sind vorzugsweise strategisch: Als die deutschen Bundesländer sich zu einer gemeinsamen Front gegen die andauernden Strompreisanhebungen der Energieerzeuger zusammenfanden, sprach der sächsisch-anhaltische Wirtschaftsminister Reiner Haseloff von einer »strategischen Allianz«.

Anders als Bündnisse, die es auch bei der Mafia gibt, erinnern Allianzen an goldene Füllfederhalter und schweinslederne Unterschriftenmappen. Vermutlich sind sie deshalb so beliebt.

Siehe auch »qualitativ hochwertig«.

Allmählichkeitsschaden Ein Plötzlichkeitsschaden entsteht, wenn der Blitz einschlägt und das Haus abbrennt. Ein Allmählichkeitsschaden dagegen entsteht allmählich. Auch das kann teuer werden. Deshalb empfiehlt die Stiftung Warentest neuerdings auch die Absicherung gegen Allmählichkeitsschäden.

Jetzt regnet es eine Woche, der Gartenteich läuft über, und es gibt einen Kurzschluß in der Sauna. Ist das ein Allmählichkeitsschaden oder ein Plötzlichkeitsschaden? Darum sollten sich einmal die Juristen kümmern.

alpine Gesundheit Statt mit Thai-Massagen oder Qigong in die östliche Ferne zu schweifen, werben Gesundheitsanbieter südlicher Bergvölker heute mit alpiner Gesundheit für die Besinnung auf die eigene Region. Das lädt zum Nachahmen ein: Warum nicht Gesundheit »made in Ruhrgebiet«? Warum nicht oberhessische Gesundheit? Hier eröffnet sich für die Strategen der Wellnessbranche ein weites Feld.

Doch da wir in Deutschland sind: Zu heimatverbunden darf es nun auch wieder nicht sein. Deshalb lautet das Zauberwort der Wortschöpfer aus dem Alpenland auch »Alpine Wellness International«.

ältere Arbeitnehmer Eine vom Aussterben bedrohte Spezies, sozusagen die Sumpfschildkröten des modernen Wirtschaftslebens. Zu Ludwig Erhards Zeiten war es überflüssig, Arbeitnehmer nach ihrem Alter einzuteilen – Arbeit war genug vorhanden, wer sie nahm, war stets willkommen. »Ältere Arbeitnehmer« als angebliche Problemgruppe gab es nicht, und deshalb tauchten sie kaum je in Diskussionen auf. Heute sind sie in aller Munde. Arbeit ist zwar immer noch genug vorhanden, nur sie zu nehmen fällt erheblich schwerer. Die Arbeit findet sich von den Arbeitswilligen mehr oder weniger abgeschottet. Und mit dem Anstieg der Arbeitslosenquoten sieht sich der »ältere Arbeitnehmer« zunehmend als lästig wahrgenommen – weniger als jemand, der arbeitet, denn als jemand, der anderen die Arbeit wegnimmt.

Andererseits wird erwartet, daß bis mindestens 67 gearbeitet wird. Wie paßt das zusammen? Über diesen Widerspruch täuschen auch keine hochtrabenden Absichtserklärungen im schönsten Bürokratendeutsch hinweg: »Ziel des Projekts ist es, durch den Austausch von Erfahrungen und Methoden zur Verbesserung der Beschäftigungssituation älterer Arbeitnehmer gemeinsam Strategien zur Bewältigung des bevorstehenden demographischen Umbruchs zu entwickeln«, läßt die Bundesvereinigung der Deutschen Arbeitgeberverbände wissen. »Dazu hat die BDA einen Leitfaden für Unternehmer ›Ältere Mitarbeiter im Betrieb‹ entwikkelt, in dem Hinweise für eine vorausschauende generationenübergreifende Personalpolitik gegeben werden und in dem Instrumente der Arbeitsförderung speziell für ältere Arbeitnehmer dargestellt und erläutert werden.«

Heißt das vielleicht: Wie werden wir die Alten möglichst billig los? Denn wer »Instrumente der Arbeitsförderung speziell für ältere Arbeitnehmer« braucht, hat diese Alten im Normalfall offenbar nicht nötig.

Übrigens: Wo bleiben die älteren Arbeitnehmerinnen?

alt-sozial Die Antwort der Liberalen auf »neo-liberal«. Durch die Verbindung mit alt wird sozial in ein schlechtes Licht gerückt, wobei im Kontrast neo = neu als positiver Wert auf liberal abstrahlt. Aber Vorsicht: Alt-Europa war als ähnlicher Kampfbegriff gegen die Gegner des Irakkriegs erfunden worden, und so schlecht fanden dann viele Europäer die Idee gar nicht, daß ihr Kontinent alt sei. Eher im Gegenteil.

am Ende des Tages Beraterdeutsch. Wann ist das Ende des Tages erreicht? Das weiß jedes Kind: am Abend. Diese zeitliche Bedeutung hat »am Ende des Tages« aber gar nicht. Der zugrundeliegende englische Ausdruck »at the end of the day« bedeutet »schließlich und endlich« (was manche Zeitgenossen auch penetrant »schlußendlich« nennen). Da das aber zu sehr nach Normaldeutsch klingt und man sich ja schließlich von der breiten Masse abheben muß, macht man's jetzt einmal ganz originell: Man übersetzt den Begriff wörtlich, also falsch, und gebraucht ihn in der englischen Bedeutung.

Das unterscheidet eben den modernen Elitemenschen vom Durchschnittsbürger. Der eine legt sich am Ende des Tages aufs Ohr. Der andere findet am Ende des Tages eine Lösung.

Siehe auch »eine Lösung finden«.

Amüsiernorm Ein neuer Ausdruck aus der Gastronomie: »Das Ecklokal entspricht der in Prenzlauer Berg üblichen Amüsiernorm«, schreibt der Berliner *Tagesspiegel*. »Schwarzpolsterbänke mit hohen Lehnen, quadratische Holztische. Die Wände sind mit breiten roten und weißgelben Streifen bemalt.« Jetzt fragen wir uns natürlich, was denn die Amüsiernorm auf der Reeperbahn oder in Schwabing ist.

analysieren Findet vorzugsweise nach verlorenen Wahlen statt. Und zwar »in aller Ruhe«. Oder nach verlorenen Fußballspielen: »Man muß mal sehen, daß wir jetzt analysieren, warum jetzt der Hänger drin ist«, seufzte Schalke-Manager Rudi Assauer nach einer katastrophalen Vorstellung gegen den 1. FC Nürnberg in die Mikrophone.

Die Analysierer spielen auf Zeit – analysieren kann nicht jeder, das dauert. Deshalb bekommt auch kaum jemals jemand das Ergebnis einer solchen Analyse zu Gesicht.

Siehe auch »abwarten müssen«.

andenken Beraterdeutsch. Wir wollen es mit dem Denken nur ja nicht zu weit treiben. Ganz gemach: Bevor wir richtig über etwas nachdenken, müssen wir es erst einmal andenken. Haben wir etwas angedacht, dann können wir guten Gewissens mit dem Eindenken beginnen. So tasten wir uns langsam Schritt für Schritt – mit kleinen Schritten eben – zum Denken vor. So wie in »die angedachte partielle Steuerfinanzierung der gesetzlichen Krankenversicherung würde deren Einnahmebasis nicht vergrößern«.

Fehlt eigentlich nur noch »abdenken«.

andiskutieren Das, was dem Andenken folgt und dem eigentlichen Denken und Diskutieren vorausgeht, wie in »an diesem Seminar-Wochenende wollen wir dieses Thema für einen möglichen Resolutionsvorschlag aus unserer Gruppe andiskutieren«. Oder auch nur »ein Stück weit andiskutieren«. Oder wenigstens »ein bißchen ein Stück weit andiskutieren«. Denn Andiskutierer lassen gerne vieles offen und verpflichten sich ungern zu konkreten Ergebnissen.

Da das Andiskutieren keine notwendigen Folgen hat, läßt es sich auch beliebig wiederholen. »Wir müssen neu andiskutieren, wie wir die Struktur der Organisation für afrikanische Einheit fortentwickeln wollen«, sagt ein Politikberater und läßt dabei offen, wie oft er dieses Spiel noch treiben will.

Siehe auch »ausdiskutieren«.

Anfangsrente Die Anfangsrente ist das, was man als frischgebackener Rentner erhält, also sozusagen die Rente zum Eingewöhnen. Allerdings darf man die Anfangsrente nicht mit dem Anfangsgehalt vergleichen. Denn anders als das Anfangsgehalt steigt sie eher selten. Eher liegt die Anfangsrente nahe bei der Endrente. Es sei denn, die Anfangsrente ist »volldynamisch«. Dann ist man als auch Rentner an der Inflation beteiligt.

Siehe auch »Auszahlungsphase«.

anfixen Marketingdeutsch für »Kunden so für ein Produkt so begeistern, daß sie es unbedingt besitzen wollen«. Die Übertragung dieser eigentlich aus der Drogenszene stammenden Vokabel in das Marketing zeugt zwar nicht gerade von gutem Geschmack, ist aber gerade deshalb nicht verwunderlich.

Angang Beraterdeutsch für die Art und Weise, wie man sich an einen Kunden heranmacht. Am besten gewinnt man ihn gleich »im ersten Angang«. Hat man ihn gewonnen, geht man diejenigen an, die Gegenstand der Beratung sind. Das sind meistens nicht die Auftraggeber selbst, sondern ihre Mitarbeiter. Da darf der Angang schon einmal etwas sportlicher sein.

Nach dem Angang folgt dann der Abgang. Das ist aber weniger problematisch, die Rechnung zahlt der Auftraggeber.

Siehe auch »Lösungsraum«.

angenervt Ein weiteres Beispiel für die Fähigkeit der deutschen Sprache, mit ihren Verben auf an-, ab-, auf-, über-, um- auf einfache Weise verschiedene Aspekte von Handlungen auszudrücken, ohne jedesmal ein neues Wort dafür zu schaffen. Da seit den 68er Jahren Gefühlszustände und ihr öffentlicher Ausdruck neuartige Anerkennung genießen, wird diese Biegsamkeit unserer Sprache heute gern zum Kennzeichnen der Gefühlswelt in Anspruch genommen. Das macht das Deutsche in manchen Bereichen zu einer geradezu gefühligen Sprache. War man bis dato allenfalls entnervt – und das ist man hierzulande ja leicht –, so wurde zunächst das Verb seiner Heftigkeit etwas beraubt und in einen allgemeinen Zustand der Gereiztheit überführt: Man war umfassend genervt, gewissermaßen global genervt (siehe auch Globalzufriedenheit), und von dort aus stand das Verb für weitere Abstufungen zur Verfügung: Abgenervt stand für den Endzustand einer gewissen Erschlaffung, ja Resignation, entnervt enthielt noch Kampfeslust.

Doch nun hat der Volksmund einen weiteren Zustand erfunden: angenervt. Angenervt enthält eine Warnung: Noch hat unser Gegner Zeit, sein Handeln zu überdenken, denn noch sind wir nur angenervt. Macht er so weiter, legen wir den nächsten Gang ein und sind umfassend genervt. Kehrt er auch dann nicht zur Vernunft zurück, so zeigen wir uns offen entnervt und holen zum Gegenschlag aus. Obsiegt der Gegner aber, entweder weil er bessere Nerven hat oder weil er unsere Gefühlszustände stur mißachtet, dann müssen wir den finalen Nervenzustand wohl oder übel hinnehmen: abgenervt!

angesagt Was man früher wurde und heute ist.

angeschlagen Diese Eigenschaft von Faustkampfsportlern wird zunehmend auch anderen Personen zuerkannt, neben natürlichen auch juristischen, die Körperkontakte im allgemeinen eher meiden: Josef Ackermann ist schwer angeschlagen, die Mobilfunkbranche ist schwer angeschlagen und so weiter.

Leicht angeschlagen gibt es nicht. Die schwer Angeschlagenen waren in aller Regel vorher auch »schlecht aufgestellt«. Selbst schuld.

Siehe auch »aufgestellt«.

Ängste Das waren noch Zeiten, als die Aufkleber »Ich habe Angst« auf selbstgestrickten Pullovern stolz durch unsere verträumte Bundeshauptstadt am Rhein spazierengeführt wurden. Heute treten die Ängste fast nur noch in der Mehrzahl auf und nehmen immer mehr die Stelle der

Sorgen ein, die hierzulande zur mentalen Ausstattung des Durchschnittsbürgers gehören.

Allerdings sind Ängste höherwertig – Sorgen macht man sich selbst, Ängste hat man, und zwar als festen Bestandteil einer besonders feinfühligen Persönlichkeit: Ein Inhaber von Ängsten ist quasi ein herausgehobenes Mitglied der menschlichen Gesellschaft. Wer heute in gewissen Kreisen nicht schief angesehen werden will, sollte zumindest so tun, als ob er ein, zwei Ängste hätte.

Diese Hochkonjunktur der Ängste fällt zusammen mit einer Tiefkonjunktur von Taten und Ideen.

anschärfen »Wir müssen das Non-Paper noch etwas anschärfen«, sagt der Berater und meint damit, daß der ohnehin dürftige Inhalt seines Jahrhundertwerks noch einmal kritisch auf die wenigen Stellen abgesucht wird, an denen wider Erwarten doch einmal etwas Inhaltliches gesagt werden könnte.

Ansprechpartner Das Wort tauchte zwar schon im Jahr 1974 in einer Sammlung des Instituts für deutsche Sprache auf, kam aber erst in den Jahren Null zu voller Blüte. Nach den Sexualpartnern, Sicherheitspartnern, Verkehrspartnern und Geschäftspartnern sind die Ansprechpartner die unverbindlichste Darreichungsform des Partners in einer zunehmend virtuellen Welt.

Aber wehe, man spricht die Ansprechpartner wirklich an! Dann sagt eine Automatenstimme: »Wenn Sie eine Frage zu Ihrem Konto haben, wählen Sie die Eins.«

Siehe auch »verpartnern«.

Anti-Aging Der moderne Schlachtruf der Anbieter von allerlei Hormonen, Vitaminen und Mineralien, die vor dem Älteraussehen schützen sollen. Würde man diese Produkte als »Anti-Älterwerden-Saft« verkaufen, wäre jedem klar, wie lächerlich das Ganze ist.

Siehe auch »Überalterung«.

Arbeitsgipfel Politikerdeutsch für »hochkarätige Zeitverschwendung in bequemer Tagungsatmosphäre«.

Arena Löst in den Jahren Null das gute alte Stadion ab. Bald wird jeder Bolzplatz hinter dem dörflichen Futtersilo eine Arena sein. Denn eine Arena ist etwas Besseres. Ein Stadion riecht nach Fußballerschweiß und klingt nach Stachelbeerbeinen. In einer Arena dagegen watcht man Soccer und schlürft in der Halbzeit Prosecco.

asking Immobilien-Neudeutsch für den vom Verkäufer gewünschten Preis. »Im asking will er das Zwanzigfache«, so berichtet der Makler dem Geldanleger. Oder, etwas effektvoller: »Er will das Zwanzigfache. (Pause.) Im asking.«

Tja, das will der vielleicht. Aber eigentlich auch nur insgeheim. Jedenfalls halb insgeheim. Denn er verlangt es nicht wirklich. Er fragt gewissermaßen nur einmal an, ob denn … Er äußert eine Bitte: Ja, das wäre die Summe, die er gern hätte. Seine Mutter ist krank, und die Töchter gehen auf ein teures Internat. Aber er ahnt, daß er die Summe nicht bekommen wird. Deswegen fragt er ja nur – im asking. Das asking hat deshalb auch etwas Vergebliches. Das macht es ein wenig melancholisch, ja traurig. So viele askings, und immer wieder »nein«. Ob nicht einmal jemand Mitleid hat und einfach beim ersten asking ja sagt?

Asylshopping Bürokratendeutsch für die Praxis, daß ein Asylbewerber sich das Land aussucht, wo er oder sie das meiste Geld bekommt. Deshalb sollen Asylbewerber künftig EU-weit die gleichen Leistungen erhalten, »um Asylshopping entgegenzuwirken« (Otto Schily).

Aber wonach shoppt ein Asylshopper eigentlich? Wollte Schily mit dieser modernen Wortschöpfung ausdrücken, daß Asylbewerber für Asyl bezahlen? Natürlich nicht. Das Shopping hat in der Sprache der Jahre Null dermaßen überhandgenommen, daß man es jetzt auch an Vorgänge anklebt, wo es noch nicht einmal im übertragenen Sinne etwas zu suchen hat.

auch und nicht zuletzt Beliebte Politikerfloskel. Alles das, was »auch« wichtig ist, ist nur unter anderem wichtig, das heißt nicht besonders wichtig, um nicht zu sagen unwichtig. Daß etwas unwichtig ist, will der Redner aber nicht sagen, das würde seiner beschwichtigenden Redeweise zuwiderlaufen. Also hebt er einen Teil der logischen Bedeutung von »auch« wieder auf, indem er versichert, daß das, was auch wichtig ist, auf jeden Fall aber nicht am Ende der wichtigen Dinge steht: eben »nicht zuletzt«. Was aber heißt »nicht zuletzt«? An vorletzter Stelle? An vorvorletzter? Oder eher weiter vorn in der Skala der Wichtigkeiten? Das alles beantwortet »auch und nicht zuletzt« gerade nicht. Es täuscht eine genaue Unterscheidung vor, ist aber nur eins: ungenau und überflüssig.

auf dem richtigen Weg sein Politikerdeutsch zur Verbrämung des Stillstands: »Ich denke, daß wir auf dem richtigen Weg sind, wenn auch an der einen oder anderen Stelle noch Verbesserungen sinnvoll sein könnten« (Bundesjustizministerin Brigitte Zypries). Wo denn auf dem Weg? Am Anfang? Am Ende? Wie lang ist der Weg? Nichts davon wird beantwortet, Bewegung wird nur vorgetäuscht.

Geht dagegen überhaupt nichts mehr weiter, ist man »auf einem guten Weg«. Ministerpräsident Christian Wulff zum Kostendesaster im VW-Konzern: »Das Unternehmen ist auf einem guten Weg.«

aufeinander zugehen Ursprünglich Psychodeutsch aus den späten Siebzigern. Heute hat der Begriff kaum noch etwas von seiner ursprünglich friedensbewegten Bedeutung; er steht für ganz normale Kompromisse: »Es ist ein fatales Signal, daß Bund und Länder nicht bereit sind, Opfer zu bringen und aufeinander zuzugehen.« Das Aufeinanderzugehen ist heute eine Art politischer Gesellschaftstanz: Ein Stück weit hierhin, ein kleiner Schritt zur Seite, ein Zeichen setzen – und dann geht alles wie gehabt weiter.

aufgestellt Wird man, wie der Weihnachtsbaum, oder ist man, je nachdem. Die Deutsche Bank ist im Osteuropageschäft gut aufgestellt; der BMW-Konzern ist in der oberen Mittelklasse gut aufgestellt; die FDP ist bei den Zahnärzten gut aufgestellt. Wie Pappkameraden oder Erdmännchen im Zoo. Da stehen sie also und starren vor sich hin – ins globale Nichts.

Manche Parteien oder Unternehmen sind nicht nur aufgestellt, sondern sogar »positioniert«. Das ist etwas ganz besonders Feines.

Siehe auch »fokussieren«.

aufgleisen Beraterdeutsch für »etwas in die Gänge bringen«. Eine Großbank, die ein wenig aus dem Gleis geraten war, ist nun nach den Worten ihres Vorstandsvorsitzenden wieder gut aufgegleist – und damit fokussiert und aufgestellt.

Siehe auch »Startrampe«.

Auflaufkinder Wer hat sich das bloß ausgedacht? 22 Fußballspieler laufen auf den Platz, dazwischen drei Schiedsrichter und seit neustem auch eine Anzahl Fußballknirpse, ihren Helden stolz die Händchen reichend. Für die Kleinen ist das sicher ein Erlebnis. Aber werden diese später ihren eigenen Kindern Fotos zeigen und sich wehmütig erinnern: »Ich war Auflaufkind für Miro Klose«?

Siehe auch »Außerhumanbereich«.

Aufmerksamkeitsverweigerung Ein Relikt aus der DDR-Gastronomie. Was kann man dagegen tun? »Besser als eine Ansprache, die aufgrund der Form oder Lautstärke peinlich wirkt, ist es im Fall von Aufmerksamkeitsverweigerung immer noch, sich zum Tresen oder zu einem ähnlichen Sammelpunkt des Personals zu verfügen, um dort die geflissentliche Beachtung zu erbitten«, schreibt die *Zeit*. So fein macht man das aber wahrscheinlich nur im hanseatisch zugeknöpften Hamburg.

aufschlagen »Ich schlage dann so gegen sieben bei Ihnen auf«, sagt der dynamische Versicherungsvertreter, und voller Besorgnis über die möglicherweise schwere körperliche Schädigung des eilfertigen Mannes breiten wir in Gedanken das Rettungstuch der örtlichen freiwilligen Feuerwehr aus.

Siehe auch »unterwegs sein«.

Aufstand der Anständigen In den Jahren Null ist der Aufstand durchaus wieder salonfähig. Gerhard Schröder rief in seiner Regierungszeit die Anständigen dazu auf – wobei man allerdings dummerweise nie sicher sein kann, ob nicht auch Unanständige dabei mitmachen. Auch Arnulf Baring, eher ein konservativer Publizist, rief die »Bürger auf die Barrikaden«. Aber keine Angst: Es war nur bildlich gemeint. Und außerdem gehen in Deutschland weder Anständige noch Bürger und schon gar keine anständigen Bürger auf die Barrikaden.

Augenhöhe Das Trauma der Grünen gegenüber der SPD: daß sie nicht auf Augenhöhe beachtet werden. Die Augenhöhe könnte bald in anderen politischen Konstellationen eine Rolle spielen. Eher müßte sie inzwischen Anlaß zur Besorgnis bei der SPD sein. Und die Grünen könnte sie neuerdings eher im Verhältnis zur Union beunruhigen. In manchen bürgerlichen Stadtvierteln könnte die Augenhöhe alsbald aber auch zu einem Thema für die Union den Grünen gegenüber werden.

Wenn die Augenhöhe nun in so vielen Konstellationen von Belang ist, hat sie eigentlich das Zeug dazu, zum gemeinsamen Anliegen des Parteienspektrums der Mitte zu werden. Endlich etwas, das alle verbindet!

ausdiskutieren Die in beängstigende Zeitdimensionen verlängerte Form von »andiskutieren«. »Rechtspolitik muß und darf auch und gerade auf Feldern stattfinden, die sozusagen noch ›unfertig‹ sind, in denen Veränderungen sind, die noch ausdiskutiert werden müssen« (Bundesjustizministerin Brigitte Zypries). Auch gesellschaftspolitische Grundanschauungen werden heute gerne ausdiskutiert. »Und da stoßen sich in der Tat auch gesellschaftspolitische Grundanschauungen«, meint Friedrich Merz zur Homo-Ehe. »Aber die müssen wir dann ausdiskutieren.« Was mit Herrn Merz ein kurzes Vergnügen sein wird.

Auslandseinsatz Das Gegenteil vom Inlandseinsatz. Auslandseinsätze der Bundeswehr haben Namen wie »Enduring Freedom« (so heißt die Unternehmung am Horn von Afrika) oder »Essential Harvest« (der Einsatz in Mazedonien). Damit ist erstens klar, wer hier das Sagen hat, und zweitens weiß die Welt: Unsere Jungs sind diesmal nur als Erntehelfer unterwegs.

ausschließen Das Wort gibt es schon lange, früher kannte man es vor allem in der Wendung »nicht ausschließen können, daß …«: Der Fahrzeugführer schloß nicht aus, in volltrunkenem Zustand vielleicht doch die rote Ampel überfahren zu haben.

Heute verwendet man das Ausschließen eher ohne »nicht« und drückt damit den Schein völliger Kontrolle aus: Der Verkehrsminister schließt eine Pkw-Maut auf Autobahnen aus. Der Finanzminister schließt eine Erhöhung der Erbschaftssteuer aus. Und wir schließen aus, daß das glaubhaft ist.

Siehe auch »definitiv ausschließen«.

Außerhumanbereich Der neueste im großen Bereich der Bereiche. Anders als etwa der Intimbereich oder der häusliche Bereich, die eine örtliche Abgrenzung bedeuten, bezeichnet der Außerhumanbereich eine Abgrenzung der Sache nach; als Gegenstück zum Innerhumanbereich, also den Menschen, umfaßt er alle Lebewesen, die keine Menschen sind. Lobbyisten sollten ihn gesetzlich schützen lassen.

Bedenkenswert ist, daß es schon im Innerhumanbereich an Humanem beträchtlich mangelt. Manche sind sogar der Ansicht, daß der Innerhumanbereich in puncto Humanität durchaus vom Außerhumanbereich zu lernen hätte. Aber was sollen radikale Skeptiker des Menschseins davon halten, wenn jetzt Tierisches und Pflanzliches vollends in den Geltungsbereich des menschlichen Gesetzes geraten? Heißt das nicht, den Bock zum Gärtner zu machen?

Siehe auch »Pflanzenethik«.

Auszahlungsphase Das Gegenstück zur Einzahlungsphase. Deshalb wird sie von unseren Rentenversicherern auch so gerne kurzgehalten. Weil sie nämlich das in der Einzahlungsphase kassierte Geld schon längst an anderer Stelle ausgegeben haben.

B

»Die Sprache ist gleichsam die äußere Erscheinung des Geistes der Völker. Man kann sich beide nicht identisch genug denken.«

Wilhelm von Humboldt (1767–1835)

Bachelor EU-Deutsch. In typisch deutscher Eilfertigkeit wird überall der Bachelor eingeführt. Nicht nur, daß kein lateinischer oder auch deutscher Begriff für das Schmalspurstudium gewählt wurde; jetzt klagt die Wirtschaft (die immer geklagt hat, unsere Studenten studierten zu lang) auch noch, ein Bachelor im Fach Maschinenbau sei viel zu kurz. Und im angelsächsischen Ausland werden längst nicht alle deutschen Bachelor-Abschlüsse anerkannt. Absurdistan!

Die Italiener nennen übrigens ihre Abschlüsse weiter »laurea«, die Franzosen reden auch nach Bologna von »maîtrise«. Bei uns wird derweil zusätzlich der »lecturer« eingeführt.

barrierearm »Viele Wohnungen in Deutschland entsprechen nicht mehr der Lebenssituation der Bewohner«, schreibt das *Handelsblatt*. »Denn die Gruppe der Senioren wächst.« Deswegen wachse der Bedarf an barrierearmen Wohnungen. Barrierearme Wohnungen sind einfach nur seniorengerecht. Man weiß allerdings nicht, welches Wort bürokratischer klingt. Gemeint sind schlicht Wohnungen, die gut zugänglich sind.

Basel II Diese nur für Eingeweihte verständliche Zauber- und Beschwörungsformel dient erstens als Paßwort der ökonomisch Bessergebildeten hierzulande und zweitens als moderner Knecht Ruprecht für ungezogene mittelständische

Wirtschaftsbosse: Warte nur, wenn du nicht brav ist, bald kommt Basel II! Denn nach einer Übereinkunft der Baseler Bank für internationalen Zahlungsausgleich sollen ausfallbedrohte Kreditnehmer in Zukunft höhere Zinsen zahlen als Personen oder Firmen, die aller Voraussicht nach das geliehene Geld auch wieder zurückzahlen werden.

Daß die Banken dafür solche Schelte einstecken müssen, liegt vor allem an der ungünstigen Verpackung. Nur Amateure sagen: Unsichere Kantonisten zahlen mehr. Die Wahrheit ist doch: Solvente Kunden zahlen weniger. Das kommt aber erst mit Basel III.

basic »Das ist zu basic«, kommentiert eine junge Frau in einem Café den schlechten Witz ihres Tischnachbarn. Gemeint ist damit »primitiv« oder »unter der Gürtellinie«. Man könnte basic aber auch im Sinne von »Grundversorgung« verstehen, denn Basics sind im Neudeutschen die Grundlagen. Das paßt, denn schlechte Witze gehören nun einmal auch zu unserer zivilisatorischen Grundausstattung.

battle groups Diese militärsprachliche Neuschöpfung wurde von Angela Merkel einem größeren Publikum bekanntgemacht, womit die Kanzlerin ihre Englischkenntnisse eindrucksvoll unter Beweis stellt: »Die Aufstellung der europäischen battle groups ist ein wichtiger Schritt, um das Defizit [an militärischer Handlungsfähigkeit der EU] abzubauen«, so unsere polyglotte Kanzlerin. »Ich begrüße den vorgesehenen Beitrag Deutschlands zu mindestens drei dieser Kampfgruppen [na also, es geht doch auch auf deutsch!]. Ich erinnere aber auch daran, daß die EU ursprünglich bis 2003 eine schnelle Eingreiftruppe von 60 000 Mann aufstellen wollte. Sie existiert bisher mehr auf dem Papier als in der

Wirklichkeit. So etwas darf mit den battle groups nicht geschehen.«

Sind die für das Wohlergehen der battle groups zuständigen Hilfskräfte dann die battle groupies?

bauchgesteuert Daß uns der Geist der Vernunft verlassen hat, sieht man daran, daß »bauchgesteuert« etwas Positives bezeichnet. In der Erlebnisgesellschaft gilt das eigene Empfinden als das Maß aller Dinge. Das Zeug zur Popularität hat der, der mit seinen eigenen Empfindungen den Massengeschmack trifft. Bauchgesteuert, das ist die Befreiung vom Denken, das ist Wellness und Fun als handlungsleitende Erkenntnisform.

Zu bauchgesteuert paßt die bauchfreie Mode. Denn nur wer früh gelernt hat, seinen Bauch zu präsentieren, vermag später, komplexere Gebilde bauchzusteuern. (Oder Bauch zu steuern? Oder auch zu bauchsteuern?) Das Verb bauchsteuern hat sich bislang noch nicht durchgesetzt, steht aber als Neuschöpfung bereit, ebenso wie das Substantiv Bauchsteuerung oder auch Bauchbesteuerung.

Bedarfsgemeinschaft Hat, wenn es nach Hartz IV geht, die Familie als die kleinste Zelle unserer Gesellschaft abgelöst. Herzlichen Glückwunsch zu dieser Vokabel! Das schafft echtes soziales Zusammengehörigkeitsgefühl. Wie dürfen wir uns denn die Solidarität der Bedarfsgemeinschaften in Zeiten echter Verteilungskämpfe vorstellen? Wer die Sprache den Bürokraten überläßt …

Siehe auch »Solidaritätsreserve«.

Befindlichkeiten Die Frage, wie es einem gehe, richtet sich gewöhnlich auf eine Mischung aus persönlichem Empfinden und gesellschaftlicher Lage. Neue Fragen dieser Art richten sich auf die »Befindlichkeiten« des Angesprochenen: »Wie sind denn heute Ihre Befindlichkeiten?« Diese Formel entspricht dem Gefühlsdiktat der Erlebnisgesellschaft. Hier geht es rein um die Gefühle. Sie erfahren eine solche Aufwertung, daß man auch nicht mehr nur nach *der* Befindlichkeit fragt, sondern gleich nach *den* Befindlichkeit*en*. Klar, denn die Gefühlswert des Angesprochenen ist so fein ausdifferenziert, daß man ihr nur durch die Mehrzahl gerecht wird.

Die Antwort ist allerdings meistens ernüchternd. »Supa!« antwortet der Gefragte.

Begrifflichkeit An diesem Wort erkennt man den modernen Diplomintellektuellen: Ich verstehe Sie nicht? Nein, das heißt: »Mir erschließt sich Ihre Begrifflichkeit nicht.«

bei jemandem sein Früher war man sonntags bei der Oma zum Schnitzel oder bei der Freundin zum Fernsehgucken. Heute sagt der Politiker beschwichtigend zum unbequemen Zwischenrufer bei der Wahlkampfveranstaltung: »Da bin ich ganz bei Ihnen« und denkt: »Warte nur, Freundchen, in zwei Minuten habe ich dich platt geredet, da weißt du nicht mehr, wo vorn und hinten ist.«

belastbar Warum reicht es nicht, daß behauptete Zahlen einer Prüfung standhalten? Daß sie also nachprüfbar sind und sich bei der Prüfung als richtig erweisen? Warum müssen Zahlen heute »belastbar« sein? Ist das klarer, deutlicher, sicherer? Und warum muß es für überprüfbare und richtige Zahlen eine Belastung sein, überprüft zu werden? Eine Belastung kann es doch nur für falsche Zahlen sein, vor allem für den, der die falschen Zahlen produziert hat. Sehr verräterisch, jedenfalls beim näheren Hinsehen.

Bescheidrückübermittlung Wie beschreibt der Berliner *Tagesspiegel* so hübsch ein Rechnerprogramm für die Steuererklärung? »Die Teilnahme am Elster-Verfahren ist für die kommerziellen Steuerprogramme inzwischen eine Selbstverständlichkeit. Neben dem Versand der Steuererklärung über das Internet unterstützen einige Programme sogar Funktionen wie die Bescheidrückübermittlung, die noch gar nicht in jedem Bundesland angeboten werden.«

Jetzt müßten wir eigentlich nur noch wissen, was eine Bescheidvorwärtsübermittlung ist.

Siehe auch »Erwerbspersonenpotentiale«.

Bestandsausländer Die Feinfühligkeit unserer Innenpolitiker zeigt sich immer wieder an ihrem bürokratischen Deutsch. Bestandsausländer werden im Jargon des Zuwanderungsgesetzes diejenigen Zuwanderer genannt, die bereits bei uns leben. Wie motivierend, wenn einem mitgeteilt wird, daß man zum »Bestand« gehört.

Bestandshygiene Das, was nötig ist, um ein Ausbreiten der Vogelgrippe zu verhindern. Wichtig seien die strikte Einhaltung des Aufstallungsgebots für Nutzgeflügel sowie eine umfassende Bestandshygiene, um ein Eindringen der Vogelgrippe in die Nutzgeflügelpopulation zu verhindern, meint der Präsident des Friedrich-Loeffler-Instituts, das bei uns in Deutschland für dergleichen Seuchen zuständig ist.

Wir sind gespannt, wann die verschiedenen Lobbyisten der Republik die Bestandshygiene auch für ihre Angelegenheiten entdecken. Ob Lohnforderungen als Bestandshygiene für die Gewerkschaften oder Beitragserhöhungen als Bestandshygiene für die Versicherungswirtschaft – das Wort ruft förmlich nach breiter Anwendung.

besterschlossenes Planquadrat Großes städtebauliches Kompliment. Das macht vielleicht Spaß, wenn man in dem besterschlossenen Planquadrat Europas wohnen oder einkaufen darf! Überall ist alles durchdacht. Für jedes Bedürfnis ist gesorgt. Jeder Kubikzentimeter Erde ist Teil eines architektonischen Ganzen. Der ideale Entfaltungsraum für moderne Spontanität.

Bestürzung hervorrufen Moderesistentes Betroffenheitsdeutsch mit hohem Heuchelgrad.

Siehe auch »in Trauer stürzen«.

bewußt leben Eine der ganz großen Errungenschaften der Jahre Null. Was haben wir nur all die Jahrzehnte zuvor getan? Aufstehen, anziehen, Kaffee kochen? Arbeiten, feiern, fröhlich oder traurig sein? Und das alles unbewußt! Sozusagen in Trance, gedankenlos. Ein Glück, daß nun, hundert Jahre nach Sigmund Freud, das Bewußtsein auch die körperlichen Funktionen des Homo sapiens erreicht. Der moderne Genußmensch ißt, trinkt, atmet, liebt und lebt bewußt; er zählt Kalorien, trennt Kohlehydrate und Proteine, pflanzt seine Gartenstauden bei Vollmond, kaut sein Sesambrötchen zwanzigmal, bevor er es herunterschluckt, und achtet beim Bäcker darauf, daß er ein Kuchenstück aus der Mitte des Blechs bekommt.

Bewußtleber sehen sich gern als Edelexemplare ihrer Gattung. Als ob das Bewußtsein an sich schon etwas Gutes wäre. Warum zum Beispiel fällt ein Seiltänzer vom Seil? Weil er sich klarzumachen sucht, nach welchen physikalischen Gesetzen er das Gleichgewicht behält.

Siehe auch »Latte macchiato«.

Beziehungspolitiker Ein Begriff aus dem modernen Networking. Der Rheinländer sagt dazu: »Et is immer jut, wenn man einen kennt«, und faßt damit die gelebte rheinische Weisheit zusammen, daß Beziehungen wichtiger sind als Inhalte – vor allem in der Politik. Das hat auch schon so mancher Quereinsteiger in der Politik erfahren müssen, zuletzt einer der klügsten Köpfe des Steuerrechts, dem es eben gerade an Beziehungen fehlte. Hätte er nur in Köln gelernt ...

Dem Beziehungspolitiker fehlt es eben an jenen Beziehungen nicht. Er ist ein politisches Urtier, eine »bête politique«, wie die Franzosen sagen. Er versteht es, die richtige Mischung aus wandelbaren Inhalten und festen Beziehungen zusammenzurühren. Daß dieser Typus dabei vor allem an seine Macht und weniger an inhaltliche Positionen denkt, macht den Begriff so breit anwendbar.

Siehe auch »globales Networking«.

bildungsfernes Elternhaus Bildungsfern hat »ungebildet« abgelöst. Bildungsfern sind im modernen Technokratendeutsch all jene Eltern, deren Kinder im deutschen Schulsystem für Schwierigkeiten sorgen. Bildungsfern – das heißt logischerweise, daß hier vorn – da, wo wir selbst stehen – die Bildung ist und da, ganz weit hinten, da sind die bildungsfernen Elternhäuser. Ja, aber was machen wir denn nun? Rükken wir die Bildung an die fernen Häuser heran? Oder rükken wir die fernen Häuser an die nahe Bildung heran? Hm, nicht einfach. In jedem Fall können wir eins tun: freundlich in die Ferne winken, wenn die nächste PISA-Studie zeigt, daß sich die »Risikogruppe« der schwachen Schüler noch mehr vergrößert hat.

Blockaden aufheben Politikdeutsch. Blockieren – das tut man nie selbst, sondern das tun immer die anderen. Egal, was sie blockieren – sie verursachen immer den größtmöglichen Schaden. Das ist aber auch gerade das Schöne am Vorwurf der Blockade: daß der Gegner – so unbedeutend er sein mag – mit der Blockade gleich in eine Reihe mit der Berlin-Blockade oder der Kuba-Blockade gestellt werden kann. Auch bei kleinster Blockade bleibt so doch der Vorwurf weltgeschichtlicher Beschädigung haften.

Es war also nur eine Frage der Zeit, bis alle möglichen Wichtigtuer diese Floskel entdeckten: »Das Oberlandesgericht soll die Blockade aufheben« (die Bundesregierung zur Übernahme der Essener Ruhrgas AG durch den Düsseldorfer Eon-Konzern). »Die SPD Brandenburg muß ihre ideologische Blockade aufheben und die Benachteiligung christlicher Schüler beenden« (die Junge Union Brandenburg zum Religionsunterricht).

Siehe auch »aufgleisen«.

Boden des Jahres Ökodeutsch. Wer läßt schon gern auf sich herumtrampeln? Andere Böden mögen das hinnehmen, nicht aber der Boden des Jahres. Damit Sie ja nichts falsch machen: Im Jahr 2006 ist das die Fahlerde, »ein vor allem in der Moränenlandschaft der Norddeutschen Tiefebene vorkommender ertragreicher Boden«, so die *FAZ*. Wie gut, daß die Welt noch ein paar Tage vor sich hat. Wie wär's denn mal mit dem guten alten Aschenplatz?

brain up Dieser Verzweiflungsruf von Hildegard Bulmahn faßt in zwei Wörtern die ganze Misere der deutschen Universitätsaufseher zusammen: eigene Ideen nicht vorhanden, selbst die Sprüche muß man sich von jenseits des Atlantiks leihen.

Siehe auch »Exzellenzcluster«.

brutalstmöglich ... war die Aufklärung des Spendensumpfs in der hessischen CDU durch Ministerpräsident Roland Koch. Wer sagt denn da, in der deutschen Sprache seien keine kreativen Neuschöpfungen möglich? Und daß die Deutschen solche Werke nicht zu würdigen wüßten? Immerhin verbuchte Koch nur wenig später das maximalstmögliche Landtagswahlergebnis, eine absolute Mehrheit für die CDU.

Siehe auch »tiefgreifend«.

Bürokratieabbau Die Lieblingsbeschäftigung von Bürokraten. Sie erlebt in den Jahren Null den dritten Frühling. Der erste überlieferte Bürokratieabbau fand zu William Shakespeares Zeiten in der englischen Marine statt. Damals fuhren 98 Prozent des Marinepersonals tatsächlich, wie es sich gehört, zur See, und zwei Prozent verwalteten den Betrieb vom Festland aus. Dann begann unter Königin Elisabeth I. ein erster Bürokratieabbau. Als Folge fuhren, wie wir bei C. N. Parkinson nachlesen können, im Jahr 1914 noch rund 90 Prozent aller Marinebediensteten zur See. Der Rest verwaltete das Ganze auf dem Land. Nach mehreren weiteren Versuchen eines Bürokratieabbaus fuhren 1967 noch 70 Prozent aller englischen Marineangehörigen zur See, und immerhin 30 Prozent kümmerten sich an Land um die Verwaltung. Denn schließlich muß ja auch der Bürokratieabbau verwaltet werden!

C

»Wenn es so weitergeht, dann können
die Deutschen in zehn Jahren nicht mehr richtig
Deutsch und noch nicht richtig Englisch.«

Walter Jens (geb. 1923)

Call-Center Call-Center haben in den Jahren Null endgültig die Auskunft und die Telefonvermittlung abgelöst. »Fast alle Dienstleister betreiben sie, besonders solche, die eigentlich weder dienen noch leisten« (Max Behland). Höflich geben – meist weibliche – Personen vorgefertigte Antworten auf Fragen, die sich das Unternehmen gern stellen lassen würde. Sofern man denn zu den Damen vordringt. Denn vor das Abheben hat der liebe Gott die Warteschleife gesetzt. In aller Regel mit nervtötender oder einschläfernder Musik. Dann erklärt eine Stimme aus der Retorte: »Wenn Sie sich auf deutsch mit uns unterhalten wollen, dann wählen Sie jetzt die Eins.«

Und dann meldet sich Tamara Müller-Sodbrand. Das kostet.

Siehe auch »Ansprechpartner«.

canvassing Ein neuer Wahlkampftrick der CDU. Was bei der proletarischen Konkurrenz noch altdeutsch »Wählerwerbung« heißt, firmiert bei einigen CDU-Gruppierungen inzwischen als »canvassing«. Das ist zwar das gleiche, aber hollywoodveredelt. So bestärkt man zugleich das transatlantische Bündnis.

cluster Dollardeutsch für Anhäufungen aller Art. Gesprochen »klaster«. Die gibt es heute nicht nur bei der Deutschen Forschungsgemeinschaft (siehe »Exzellenzcluster«), sondern auch im bayerischen Rosenheim. Dort soll nach dem Willen der Oberbürgermeisterin ein Klaster in den Bereichen Holz und IT entstehen. Hoffentlich keine Großrechner aus Eiche? Oder war nur ein Klafter Holz gemeint?

corporate citizenship »Eigentum verpflichtet«, heißt es in nicht zu übertreffender Klarheit im Artikel 14 des Grundgesetzes. Daß wirtschaftlich erfolgreiche Bürger einen Teil ihres Erfolgs an die Gemeinschaft zurückgeben sollen, durch die sie zum Erfolg kamen, ist aber auch ohne Grundgesetz schon ein Gebot des Anstands – und für eignergeführte Unternehmen fast eine Selbstverständlichkeit. Börsennotierte Unternehmen müssen sich dergleichen allerdings erst einmal ausdrücklich auf ihre Fahnen schreiben und ihre Aktionäre davon überzeugen. »Corporate citizenship« heißt das neuerdings – ein Blähwort aus der modernen Managementretorte (körperhaftes Bürgerschiff?). Gemeint ist eine »Unternehmensbürgerschaft« oder eine »sozialverträgliche Unternehmensführung«, also etwas, was in Deutschland seit Jahrhunderten Tradition hat. Nur, das verstand man zuvor auch so.

Siehe auch »Ethikmanagement«.

customizen Dollardeutsch für »sich oder sein Produkt an den Kunden anpassen«. »Eines der großartigen Dinge an SquirrelMail sind die zahlreichen Möglichkeiten, das Programm zu costumizen«, heißt es in einer Anleitung zum Anzapfen elektronischer Briefkästen. »Sie haben die Wahl zwischen verschiedenen Themes, Sprachen, Order und anderen Einstellungen. Alle ihre gemachten Einstellungen nehmen keinen Einfluß auf die Einstellungen von anderen Usern. Es gibt mindestens fünf Hauptteile, welche man verändern kann: Personal, Display, Message Highlighting, Folders und Index Order. Je nachdem können noch weitere Einstellungen vorgenommen werden.«

Alles klar? Dann wollen wir einmal die Botschafts-Hochbeleuchtung in Falten schlagen. Und wehe, das Programm ist nicht gecustomizt!

D

»Wird die Sprache als Verkehrsmittel behandelt
und ihr Bestand in dieser Absicht aufgeräumt,
so ist damit ein unvermeidlicher Verlust
an historischer und kultureller Substanz verknüpft.
Zugleich werden die Quellen ausgetrocknet,
von denen die Dichtung lebt.«

Ernst Jünger (1895–1998)

davon ausgehen Politische Beschwörungsformel mit der Bedeutung »sich wünschen, daß etwas eintreten möge, aber so tun, als sei es sicher«. Wird in der Politik aber nicht nur zu Weihnachten, sondern jahreszeitenunabhängig eingesetzt. Der eine ging davon aus, daß er auch nach der Septemberwahl 2005 noch Kanzler bleiben würde. Andere gehen davon aus, daß die Mehrwertsteuer erhöht wird, daß die Mehrwertsteuer nicht erhöht wird, daß die Renten steigen und die Arbeitslosenzahlen sinken. Würde man alle Sätze streichen, die mit »ich gehe davon aus« beginnen, bliebe im Bundestag vielleicht mehr Zeit für wirkliche Debatten. Und das ohne jeden Informationsverlust. Denn ob oder ob nicht Minister X davon ausgeht, daß Staatssekretär Y im Ausschuß Z die Wahrheit sagt, ist gewöhnlich unerheblich. Jedenfalls solange der Begriff so unverbindlich gebraucht wird.

definitiv ausschließen Ein weiteres Versatzstück aus dem deutschen Politikphrasenkoffer. Meint in Wahrheit nur allzuoft das Gegenteil. Deshalb sollte das definitive Ausschließen besser von einer roten Warnleuchte begleitet werden. »Ich kann definitiv ausschließen«, so der Berliner Finanzsenator Thilo Sarrazin nach Bürgerprotesten wegen diverser Sparmaßnahmen, »daß es im Zuge der Haushaltsberatungen zu weiteren Einsparungen bei den Kitas, Opern oder Universitäten kommt.« Abwarten!

deinvestieren Statt klar zu sagen, daß Investitionsgelder von einem Standort abgezogen werden, spricht moderne Unternehmenskommunikation lieber von deinvestieren. Da bleibt noch etwas von der positiven Bedeutung der Investition hängen, und nicht jeder hat das Latinum und weiß, daß die Endung »de« mit »von, weg« zu übersetzen ist.

Siehe auch »Personalabbau«.

den Weg frei machen Blähdeutsch. Mit diesem Sprachbild aus dem Wegebau wird in der verwalteten Welt vorgetäuscht, daß harte körperliche Arbeit mit greifbaren Ergebnissen geleistet wird. Lauter emsige Feld- und Waldarbeiter greifen zur Machete und schlagen Breschen ins Dickicht, wenn die Bundesregierung den Weg frei macht für flexiblere Ladenöffnungszeiten, eine Irak-Resolution den Weg frei macht für eine Beteiligung weiterer Staaten am Wiederaufbau oder der hessische Landtag den Weg frei macht zur Änderung des Lotteriegesetzes.

Und wenn der Weg dann tatsächlich einmal frei sein sollte – großes Rätselraten.

deutsche Vitalitätslücke Neuprägung aus dem Vokabular der Propheten des Untergangs. Vitalitätslücke bezeichnet einen Mangel. Wunschvorstellung dessen, der von Vitalitätslücke spricht, ist die lückenlose Vitalität. Deutschland soll lückenlos vital sein. Ein Volk in ständiger Rastlosigkeit, werktätig bei Tag und Nacht, schlaflos, überehrgeizig: Ist das eigentlich ein wünschenswerter Zustand?

Siehe auch »verzagte Bevölkerungsdynamik«.

Deutschland braucht Es verrät Anmaßung, wenn jemand zu wissen behauptet, was Deutschland braucht. Ganz

Deutschland. Nicht etwa eine bestimmte Interessengruppe. Nein, der Redner weiß es für das ganze Land. Er duldet auch keinen Widerspruch. Ob das Land sonst noch etwas braucht, was der Redner vielleicht vergessen hat? Ob man dazu vielleicht mehr benötigt als ein, zwei Formeln? Nein! Denn daß die Dinge nicht vorangehen, liegt doch gerade daran, daß die Leute einfach nicht zuhören können. Wem? Na, ihm.

dezentrales Kriminalitätsaufkommen Es ist ein Kreuz mit dem Verbrechen. Statt daß es sich ordentlich in der Mitte ballt, breitet es sich frech und unkontrolliert bis in den letzten Winkel des Landes aus. Statt daß man seiner nun zentral, mit einem eisernen Zugriff, habhaft wird, hat man es mit einem dezentralen Kriminalitätsaufkommen zu tun. Gemein! Und was soll man da machen? Ein zentrales Polizeiaufkommen dagegensetzen? Oder ein dezentrales Polizeiaufkommen, das deckungsgleich wäre mit dem dezentralen Kriminalitätsaufkommen? Vielleicht kann man aber auch durch präventive Maßnahmen erreichen, daß sich das dezentrale Kriminalitätsaufkommen an einem Ort zentralisiert? Das wäre die praktischste Lösung.

die neuen Alten Soziologendeutsch. *Neu* sind die Alten eigentlich nicht. Schon vor der Jahrtausendwende gab es Menschen über 60, die – man glaubt es kaum – noch gegen Entgelt arbeiteten. Neu ist nur, daß sie so stören. Immer mehr Unternehmen überlegen, wie sie von den Kosten herunterkommen. Dazu gibt es kluge Ratschläge: »Wenn einer mit 60 so gut arbeitet wie mit 50, dann gibt es keinen Grund, den Lohn zu verringern.« Daß dergleichen betont werden muß, bedeutet andererseits, daß man vernünftigerweise auch vom Gegenteil überzeugt sein könnte. Gut zu wissen. Vor allem, wenn es die Rente erst ab 67 gibt. Da macht es wahrscheinlich so richtig Spaß, zu den neuen Alten zu gehören.

Siehe auch »ältere Arbeitnehmer«.

differenziert Beschwichtigungsdeutsch. »Differenziert« wird heute gerne dem passiv gebrauchten Verb »betrachten« vorangeschickt und soll dann mehrere Dinge auf einmal ausdrücken: Der Sprecher weiß alles besser, es geht um etwas Unangenehmes, und der Angesprochene hat sich auf eine faule Ausrede gefaßt zu machen. Aktuell müssen zum Beispiel die Arbeitslosenquote, die Staatsverschuldung, die Wirtschaftskrise, die globale Erderwärmung und der Untergang des Abendlandes »differenziert betrachtet werden«. Mit anderen Worten: der Betrachter weiß schon, wo es langgeht. Wozu also die Aufregung? Es ist doch alles nicht so schlimm.

Differenziert betrachtet werden sollen/dürfen/müssen derzeit auch noch: die Stammzellenforschung, die Sprachleistung von Viertkläßlern, die Unterrichtsversorgung an berufsbildenden Schulen, der Islamismus, das Outsorcing, die Zufriedenheit der Ostdeutschen und der 20-Milliarden-Wertverlust von DaimlerChrysler.

Auf das differenzierte Betrachten folgt das differenzierte Angehen. Differenziert angegangen werden zur Zeit: die deutsche Rechtschreibung, der internationale Terrorismus und die EU-Osterweiterung. Differenziert angehen heißt im Klartext: erst einmal nichts tun. »Wir brauchen statt dessen einen differenzierten Blick auf die Dinge und differenzierte Lösungen«, läßt uns Bundesjustizministerin Brigitte Zypries wissen.

Das Gegenteil von differenziert ist »holzschnittartig«. Unerwünschte handlungsleitende Vorschläge entspringen einem »holzschnittartigen Bild der Lage« und verführen zu Aktionismus. Dagegen hilft vor allem eins: die Dinge erst einmal in Ruhe differenziert betrachten.

digital living Nicht das Gegenteil von »digital dying«, sondern eine Sonderschau der CeBIT in Hannover, eine »bunte, aufregende, aber auch didaktisch aufbereitete Entertainment- und Erlebniswelt«. Für zehn Euro am Tag können sich Besucher vorführen lassen, wie man sie künftig noch umfassender mit überflüssigen Informationen und schlechter Unterhaltung überfüttert.

disability management Auf deutsch würde das »Unfähigkeitsverwaltung« heißen und von jedem Normalsterblichen als Unsinn erkannt. Auf englisch meint so die Fachhochschule für soziale Arbeit in Luzern, dem Publikum einen neuen Hochschullehrgang präsentieren zu können. Eigentlich geht es schlicht darum, wie man kranken Menschen hilft, sich wieder ins Arbeitsleben einzugliedern. Warum klar, wenn's unverständlich geht? Übrigens: Ein Aufbaukurs für debility management ist zur Zeit noch nicht in Planung.

disease management Das gemeinsame Ziel moderner Ärzte und Krankenkassen. Früher wurden die diseases geheilt, heute werden sie gemanaged.

Nicht zur verwechseln mit »decease management = Fibel für Bestattungsunternehmer«.

Siehe auch »disability management«.

Diskurs Modewort aus der halbakademischen Welt. »Diskurs« wurde aus der modernen französischen Philosophie ins Deutsche eingeführt und bedeutete, daß die Art, wie man einen gesellschaftlichen Gegenstand in Begriffe faßt oder über ihn spricht, die Wirklichkeit auch außerhalb der Begriffe prägt. Im heutigen Gebrauch schwingt noch etwas Philosophisches mit, gleichzeitig wird Diskurs aber nur im Sinne von »öffentliches Reden« verwendet. »Wir brauchen einen öffentlichen Diskurs über unsere Werte«, lautet eine beliebte Forderung, die nichts anderes bedeutet als: »Wir sollten öffentlich über unsere Werte reden.« Aber so einfach mag man es nicht sagen, es könnte ja auf Anhieb verstanden werden.

diversity management Im Unterschied zum disability management stehen hier die eher angenehmen Seiten unserer Mitmenschen im Mittelpunkt: Arbeitnehmer unterschiedlicher kultureller Herkunft sollen sich nicht nur vertragen, sondern aus diesen Unterschieden sogar einen Mehrwert für das Unternehmen schaffen.

Dieser Gedanke ist in Deutschland noch ungewohnt, aber fruchtbringend. Man könnte ihn auch so übersetzen: »Unterschiede nutzen lernen.« Aber das hätte dann nicht der Kunst entsprochen, sich möglichst unverständlich auszudrücken.

dörfliche Restbevölkerung Ein neuer Ausdruck für die Bewohner stadtferner Landstriche in den neuen Bundesländern. Aber was machen die da überhaupt? Ist es nicht sinnvoll, »Anreize zu schaffen, um auch noch die dörfliche Restbevölkerung zum Fortzug in die Ballungsräume zu bewegen?« *(Spiegel online)*.

Denkt eigentlich auch jemand über Anreize zum Bleiben nach?

Siehe auch »Abwanderungszone«.

durchgecastet »Deutschland war schon musikalisch durchgecastet, dann kam Topmodel Heidi Klum und bat junge Frauen auf den Laufsteg« *(Süddeutsche Zeitung)*. Casten ist ja schon ein ziemlich weitgehender Vorgang der Durchleuchtung. Aber so richtig deutsch wird der Begriff erst, wenn er die Vorsilbe »durch« erhält. Dann erst werden Nägel mit Köpfen gemacht, wenn flächendeckend, systematisch und gnadenlos der gesamte weibliche Bevölkerungsteil der Republik auf Laufstegfähigkeit hin durchgecastet wird. Sympathisch!

durchregieren Davon träumen viele, daß sie durchregieren können! Einmal einen Tag im Leben durchregieren, alle Gremien, alle Ausschüsse zur Seite rücken und nur einfach durchregieren. Und schon würde sich alles zum Besseren fügen. Wie störend, daß die Demokratie alles so kompliziert macht.

E

»In der Sprache, mit der man geboren,
welche die Väter gesprochen, denkt man sein
ganzes Leben lang, so fertig man eine andere spricht;
und dies anders zu wünschen, die Sprache,
in der man sein Geheimstes denkt,
vergessen zu wollen, zeigt, wie tief man getroffen ist
und wie sehr man gerade diese Sprache liebt.«

Gottfried Keller (1819–1890)

earmarken Marketingdeutsch für »brandmarken«. So wie die Viehherden im Wilden Westen gebrandmarkt wurden, sollen Zielgruppen und Kunden geearmarkt werden. Das klingt weniger brutal, ändert aber nichts an der Sichtweise.

Eigenheimzulage Die moderne Entsprechung des Heizers auf der E-Lok – wenn man sich den Wohnraumüberhang in Deutschland ansieht – und das geheime Mottowort der Jahre Null. Das Wort taucht erstaunlicherweise erstmals in der 22. Auflage des Duden im Jahr 2000 auf und faßt in sechs Silben das Geheimnis des deutschen Niedergangs zusammen: Alles bleibt, wie es ist, was man hat, gibt man nicht wieder her, und wer es trotzdem will, wird nicht gewählt.

Nach langen Todeskämpfen ist die Eigenheimzulage inzwischen im Bett der Großen Koalition verstorben. Sie ruhe sanft.

Siehe auch »Gegenfinanzierung«.

ein bißchen Beschwichtigungs- und Langweilerdeutsch. Hat seit dem preisgekrönten Lied »Ein bißchen Frieden ...« der netten Nicole einen Stammplatz in der Wortapotheke der Generation Konjunktiv und dient oft als Beruhigungszäpfchen, wenn eine Katastrophe nicht mehr zu verleugnen ist: »Ein Problem so ein bißchen – die hohe Arbeitslosigkeit« (ein vom ZDF befragter SPD-Wähler zur Erklärung der Niederlage bei der NRW-Landtagswahl 2005). Außerdem gab es »ein bißchen so etwas wie eine Wechselstimmung«. Aber »alles in allem war es schon ein bißchen ein wichtiges Reformprojekt«.

Übrigens läßt sich durch die Kombination mit »ein wenig« die Angriffsfläche nochmals weiter verkleinern. »Ein wenig ein bißchen einen Einblick geben« – mit diesen Worten zum Anfang einer Rede erzielt man deshalb auch garantiert größte Aufmerksamkeit.

eine Art Der Dritte im Bunde der modischen Beschwichtigungsfloskeln. Die Grünen brauchen »eine Art Generationenwechsel, eine Art Neuausrichtung« (Renate Künast). Also, ist es nun ein Generationenwechsel oder nicht? Wenn es eine Art Generationenwechsel ist, dann ist es etwas von der Art, zu dem auch der Generationenwechsel gehört. Was ist die Klasse der Sachverhalte, zu denen der Generationenwechsel gehört? Der Wechsel. Aha, es ist also ein Wechsel, der etwas von einem Generationenwechsel hat. Ist das eine sinnvolle Aussage? Nein.

eine gemeinsame Sprache finden Die meisten Menschen hierzulande haben seit Kindesbeinen eine gemeinsame Sprache. Da kann die Handgreiflichkeit nicht mehr weit sein, wenn zwei Hamburger SPD-Politiker hoffen, »daß wir im Landesvorstand über Lösungen diskutieren und eine gemeinsame Sprache finden«.

eine Lösung finden Das war lange Zeit eine Domäne der Mathematiker, allenfalls noch der Schachfreunde, die für das Problem »matt in drei Zügen« eine Lösung fanden. Das Finden der Lösung war in diesen Fällen tatsächlich ein Ziel, weil es bei den handelnden Personen dafür sowohl die Absicht als auch die Fähigkeit gab.

Seit auch andere »eine Lösung finden« wollen, hat sich das geändert. Man will mit der Formel nur Zeit gewinnen. Der andere – oder die Öffentlichkeit – soll hingehalten werden. Die deutschen Klinikärzte verlangen 30 Prozent Gehaltserhöhung? Am Ende werde man, so der niedersächsische Finanzminister Hartmut Möllring, der die Tarifgemeinschaft deutscher Länder leitet, »eine Lösung finden«. Der Hamburger Fußballprofi Stefan Beinlich hat keinen Vertrag mehr, würde aber gerne weiterspielen? »Ich bin überzeugt davon«, so Beinlich, »daß wir eine Lösung finden.« Der Automobilrennfahrer Alexander Wurz soll zu BMW wechseln, ist aber noch bei Mercedes unter Vertrag? »Sollte Alex ein attraktives Angebot erhalten, 2006 in der Formel 1 zu fahren«, so Mercedes-Sportchef Norbert Haug, »werden wir eine Lösung finden.«

Früher hätte man gesagt: Wir werden das Ding schon schaukeln, oder: das geht klar. Aber da beherrschte man noch nicht die Kunst, zu sich selbst aufzuschauen.

einen Beitrag leisten Unentbehrliches Versatzstück für öffentliches Mundaufmachen. Eigentlich will der Redner sagen, daß er derjenige ist, der die Lösung bringt. Er sagt es nicht, gibt es aber zu verstehen. Zugleich heuchelt er Bescheidenheit, indem er sagt, daß er nur einen Beitrag unter anderen leistet. Und schließlich kann er so auch nicht daran gemessen werden, daß sein Beitrag richtig oder falsch war: »Der DGB möchte mit dem Positionspapier einen Beitrag leisten, um der Politik Anstöße zu geben.« Am liebsten leistet der Beitragende seinen Beitrag in der Möglichkeits- oder Zukunftsform: Wir werden, könnten, sollten, dürften, möchten, würden vielleicht unter Umständen ein bißchen ein Stück weit einen Beitrag leisten. Da kann man nichts falsch machen. Aber macht man es auch richtig?

einfordern Die verschärfte Form von »fordern«. Fordern kann jeder, wenn auch mit unterschiedlicher Aussicht auf Erfolg. Wer aber einfordert, bringt damit zum Ausdruck, daß seine Forderung ein besonderes Gewicht hat, zum Beispiel durch Macht. Zu denen, die einfordern, hätte auch Al Capone gehört, denn von ihm stammt der Ausspruch: Man erreicht mehr mit einem netten Wort und einer Pistole als mit einem netten Wort allein.

eingeschwungener Endzustand Beraterdeutsch. Dieser Zustand ist dann erreicht, wenn alle Faktoren, die der Berater als wesentlich für den Erfolg ausgemacht hat, ihre Funktion voll ausfüllen und wenn sie sich zu einem Ganzen ordnen, das den sachlichen Anforderungen entspricht. Immerhin ist der deutsche Begriff genauer als der englische (»in full swing«), täuscht aber einen Endzustand vor, der jedenfalls so lange unerreichbar ist, wie es der Berater mit Menschen zu tun hat und wie es die Menschen mit Beratern zu tun haben.

einknöpfen Beraterdeutsch. Wenn Veranstaltungsplaner alle Redner zusammen und alle Eitelkeiten befriedigt haben, dann müssen sie das Projekt schnell einknöpfen, bevor andere wieder neue Ansprüche anmelden. Leider ist es mit dem Zuknöpfen einer Jacke meist wesentlich leichter getan.

einmal mehr Früher die Hälfte von zweimal mehr. Heute steht »einmal mehr« für die wörtliche Übersetzung des englischen »once more« und bedeutet nichts anderes als »noch einmal«. Menschen, die statt dessen »einmal mehr« sagen, wollen damit zum Ausdruck bringen, daß sie moderner und lockerer sprechen als andere. Sie sagen auch »das macht Sinn«, erinnern noch sehr gut den letzten Urlaub, kommunizieren ihre Bedürfnisse, machen Liebe und gehen am Ende des Tages in 2020 in Rente.

Siehe auch »nicht wirklich«.

Einrichtung Ein Wort aus der Retorte derjenigen Wortschöpfer, die uns auch den Auszubildenden, die Naßzelle, den Elternteil und die sozial Schwachen eingebrockt haben. Gemeint ist damit je nach Kontext eine Kinderkrippe, ein Gefängnis oder auch die Großküche des Uni-Klinikums. Aber Einrichtung klingt offenbar nach mehr, das Wort schmeckt nach Autorität und Staatsgewalt.

ein Stück weit Ein weiterer Liebling der Freunde des Konjunktivs, sozusagen das »ein bißchen« für Akademiker. »Ein Stück weit Befreiung nach 39 Jahren Opposition« war der CDU-Sieg bei der NRW-Landtagswahl 2005. Er sollte Angela Merkel auch im Bund »ein Stück weit weiterhelfen«.

Auch Bewegungen finden heute gern in Stücken statt: »Ich glaube, daß man sich beim Irak in der Tat ein Stück weit aufeinander zubewegt hat« (Wolfgang Schäuble). Das ist zwar »auch ein Stück weit schon in Brüssel gemacht worden«, aber Angela Merkel hofft, »daß es jetzt gelingt, im Irak die UNO wieder ein Stück weit in die Verantwortung zu nehmen«, um »ein Stück weit Mißverständnisse abzubauen«.

Beliebt ist das Stück auch immer dann, wenn man als Mensch des öffentlichen Lebens vor einem Scherbenhaufen steht: »Es geht einzig darum, diese mehr als unangenehme

Geschichte ... ein Stück weit abzuschließen«, so DFB-Kopräsident Theo Zwanziger zum Bundesliga-Schiedsrichterskandal. Oder ein bißchen ein Stück weit. Oder ein wenig ein bißchen ein Stück weit.

Siehe auch »irgendwie«.

ein Zeichen setzen Gehört zum Vokabular der Hilflosigkeit: Wenn man schon nichts verändern kann, will man wenigstens ein Zeichen setzen. Das Zeichensetzen wird dabei zu einer Alibihandlung, mit der man sich selbst und anderen vormacht, etwas bewegt zu haben.

e-learning Dollardeutsch für »rechnergestütztes Lernen«. Ersetzt zunehmend das früher übliche Auswendig-Learning.

Eng verwandt mit dem e-learning ist das distance learning. Das geschieht in sogenannten notebook universities. Nach abgeschlossener Ausbildung kann man sich dann bei einem amerikanischen Großkonzern als Türsteher bewerben.

Elternkompetenz Können reicht in unserer Wissensgesellschaft nicht mehr aus. Es muß schon ein begutachtetes und förmlich bestätigtes Wissen sein. Beliebt ist dafür der Begriff der Kompetenz. Kompetenz heißt allerdings zweierlei: Zuständigkeit und Kenntnis. Beides muß nicht unbedingt zusammenhängen. Oft sind ja gerade diejenigen zuständig, die keine Kenntnis haben, während die, die Kenntnisse besitzen, nicht zuständig sind. Zusätzlich kompliziert wird die Lage dadurch, daß die, die zuständig sind und keine Kenntnisse haben, meinen, daß gerade sie kenntnisreich sind und deshalb die Zuständigkeit verdient haben. Nun, die Kompetenz läßt offen, ob es sich um Kenntnis oder Zuständigkeit handelt, und auch, ob Zuständigkeit wegen Kenntnis oder trotz Unkenntnis gegeben ist. So ist es auch mit der Elternkompetenz, etwas, das nach Meinung von Gesundheitsministerin Ulla Schmidt in Deutschland unbedingt gestärkt werden sollte. Deshalb vergab sie im Jahr 2006 den Deutschen Präventionspreis zum Thema »Stärkung der Elternkompetenz«.

Siehe auch »bildungsfernes Elternhaus«.

Emotionspolitiker Politdeutsch. Der Politiker als empfindender, auch mal »wie ein Hund leidender« Mensch (Edmund Stoiber), so ganz von nebenan, zum Anfassen, zum mal Sichanvertrauen, aber auch mal zum Auf-den-Tisch-Hauen und mal zum »seine ganze emotionale Befindlichkeit rauslassen«, und auch mal einer zum Sichwohlfühlen, vor allem im Wohlfühlstandort am Alpenrand. Das kann nicht jeder, schon gar nicht die Norddeutschen.

empirisch geschwängert Geschmackvolle Formulierung für Thesen und Theorien, die erst praxisfern entwickelt und dann einem Praxistest ausgesetzt worden sind. Wobei allerdings offenbleibt, wer hier wen geschwängert hat.

energiegeladene Kreativitäts- und Innovationsfelder
Die Tagungsfloskel als Ersatzhandlung. Wer nur reden darf, während andere entscheiden, wer nur kommentieren darf, was andere tun, den überkommt immer wieder ein urplötzliches Bedürfnis nach einem: nach der Tat. Und da sagt er etwas, was nicht mehr Wort, sondern schon Tat ist: energiegeladene Kreativitäts- und Innovationsfelder! Den Hörer trifft die Formulierung mit ganzer Wucht. Da tun sich vor seinem geistigen Auge plötzlich weite Felder auf, da zerreißen Blitze die graue Wolkendecke, und auf der Scholle überall emsige

kreative Menschen, die den schweren Boden urbar machen, aber nicht nur mit Muskelkraft, nein, getrieben von Erfindergeist und Innovation wächst in Sekundenschnelle eine herrliche innovative Landwirtschaft im kleinen heran, Keimzelle weiterer Felder, die sich im Handumdrehen selbst kultivieren ... Doch halt, da stehen ja lauter Windräder in der Landschaft, welche die Felder verspargeln, was nun, was tun? Da reibt sich der Tagungsbesucher verwirrt die Augen und kehrt geistig wieder zurück in den Tagungsraum, zu den immer gleichen Keksen und Kaltgetränken und schließlich zum Redner, der schon ganz woanders ist und doch immer noch da, wo er auch vorher war.

engagiert Dieses immer beliebtere Beiwort ist die kleine Schwester des schon länger im Dienst stehenden, aber mittlerweile reichlich ausgeleierten »interessant«; es wird heute als Verdienstkreuz dritter Klasse vor allem politischen Wahlkämpfern zuteil. Die Wahl ging zwar verloren, aber der Wahlkampf war »sehr engagiert«. In Arbeitszeugnissen hieß das früher auch: Er hat sich bemüht.

Auch im Sport weiß man beim Auftauchen von »engagiert« sofort: Hier hat etwas nicht geklappt. Wenn der Reporter von einem Bundesligakicker meldet, »Marko Babic, sehr engagiert auf der linken Seite«, dann kann man fast schon wetten: Der Mann ist später ausgewechselt worden. Und als der Bundesliga-Fußballklub Hannover 96 seinen Trainer entlassen hatte, war tags darauf in der *Hannoverschen Allgemeinen Zeitung* zu lesen: »96 dankt Peter Neururer für die engagierte Arbeit und wünscht ihm alles Gute.«

Entfeindungskultur Der Sieger in Eckhard Henscheids »Grand Prix der Kulturen«. In dieser Kulturexplosion rächt sich einer der großen Vorteile der deutschen Sprache, nämlich aus alten Wörtern durch Zusammensetzen neue erschaffen zu können, auf heimtückische Weise. Vor allem abstrakte Wörter auf -ung, -heit und -keit stürzen sich auf die Kulturen wie die Motten auf das Licht: Da hilft wohl nur noch eine Kulturrevolution.

Siehe auch »Adventskultur«.

Entfluchtung Das, woran es laut Stiftung Warentest und der deutschen Versammlungsstättenverordnung vielen deutschen Fußballstadien gebricht: »Die Stadien in Berlin, Gelsenkirchen und Leipzig erhalten die Note mangelhaft mit dem Argument, daß keine Fluchttore zum Innenraum existieren. In allen drei Orten liegen jedoch Sachverständigengutachten vor, die ausdrücklich das Ziel fordern, die Entfluchtung nach außen zu gewährleisten. In Gelsenkirchen mit dem ergänzenden Hinweis, daß es sich um eine Multifunktionshalle handelt, wo auch die Versammlungsstättenverordnung eine Entfluchtung nach außen verlangt.«

Fehlt noch die Entfluchtung derjenigen, die nachbauen müssen.

Siehe auch »verpfanden«.

Entrepreneur des Jahres Woher auch immer Fremdwörter zu uns kommen – sie verdrängen gerne ihre deutschen Konkurrenten. Der Entrepreneur ist aus dem Französischen (von entreprendre = unternehmen) über das Englische ins Deutsche eingedrungen und offensichtlich besser als der deutsche Unternehmer.

Aber wie muß Entrepreneur im Deutschen ausgesprochen werden? Englisch oder französisch? Die englische Aussprache wirkt ausgesprochen komisch in ihrer Verbindung von Nasallaut (entre) und englischem »r«. Die französische Aussprache kennen viele nicht mehr. Oder soll das Wort deutsch ausgesprochen werden, also ohne Nasallaut? Klingt nicht sehr elegant. Und schließlich: Wer versteht eigentlich das Wort Entrepreneur auf Anhieb auf der Kölner Schildergasse oder auf der Frankfurter Zeil? Kaum einer? Macht nichts, denn darum geht es ja gerade, daß nur wenige Auserwählte den Begriff verstehen. Und schließlich gibt es ja nur einen »Entrepreneur des Jahres« pro Jahr.

entschiedene Wichtigkeit Eine Wichtigkeit, die mit größerer Entschiedenheit vorgetragen wird als andere Wichtigkeiten. Allerdings kann eine entschiedene Wichtigkeit von einem anderen als entschieden unwichtig angesehen werden. Daher kommt ja der ganze Ärger.

Entschleunigung Beliebte Empfehlung von Politikberatern, nach dem Wahlkampf Ruhe, Gelassenheit und Nüchternheit einkehren zu lassen. Tut man es aber, wird natürlich mit gerunzelter Stirn und erhobenem Zeigefinger die beschleunigte Umsetzung der Wahlversprechen angemahnt.

equal pay Titel einer Broschüre aus dem Haus von Exfamilienministerin Renate Schmidt. Bedeutet nicht etwa »bitte gleich bezahlen«, sondern: »Gleiches Geld für gleiche Arbeit.« Aber das war wohl zu direkt. Deshalb wurde die Forderung so verpackt, daß sie nur von 30 Prozent des Publikums verstanden wird.

ergebnisoffen Politikerdeutsch. Ergebnisoffen heißt, daß so lange über ein Problem diskutiert werden soll, bis sich das Ergebnis einstellt, das der Redner wünscht. »Außerdem muß der Salzstock in Gorleben als mögliches Endlager für hochradioaktive Abfälle ergebnisoffen weiter erkundet werden«, fordert der niedersächsische Umweltminister Hans-Heinrich Sander, und die Vermutung liegt nahe: Sander hätte das Endlager gern in Gorleben.

Und so werden derzeit ergebnisoffen geprüft: Der Börsengang der Deutschen Bahn, die Autobahnmaut für Privat-Pkws (»der Vorschlag geht zurück auf einen Prüfauftrag vom April, nach dem ergebnisoffen die Ausdehnung der Nutzerfinanzierung untersucht werden soll«), mögliche Schwangerschaftsabbrüche (»die nach Paragraph 219 des Strafgesetzbuches notwendige Beratung ist ergebnisoffen zu führen«) und ganz besonders natürlich der mögliche EU-Beitritt der Türkei: »Der EU-Kommissionsvizepräsident plädiert dafür, auch andere Möglichkeiten als die der Vollmitgliedschaft in der Union zu nutzen. Die Aufnahmegespräche mit der Türkei sollen ergebnisoffen geführt werden.«

Was ein Glück, daß zumindest Exkanzler Schröders 70. Geburtstag wirklich ergebnisoffen diskutierbar ist: »Wenn Gerhard Schröder eigens in die Toskana gereist ist, um in Ruhe 60 zu werden, so wirft das unter anderem die Frage auf, weshalb Silvio Berlusconi seinen Geburtstag nie in der Lüneburger Heide oder im Sauerland begeht« *(Die Welt)*. »Auch darüber müßte bei passender Gelegenheit einmal standortbezogen und ergebnisoffen nachgedacht werden.«

Siehe auch »fair und konstruktiv«.

Erlebnisbad In den 60er Jahren wurden Tausende Freibäder als Entschädigung für die Mühen in der Leistungsgesellschaft gebaut. Heute tritt das Erlebnisbad an ihre Stelle, gewissermaßen die Caracallathermen von Bad Münstereifel. Einst waren 20 Bahnen Brust und der Kopfsprung vom Zehner klassische Beweise erstrebenswerter Leibesertüchtigung. Heute wird das schlichte Befeuchten der Körperoberfläche als Intensiverlebnis dargeboten. Im Erlebnisbad Calypso in Saarbrücken erhalten Rentner ferner einen Gutschein für eine Tasse Kaffee und ein Stück Kuchen sowie auf Wunsch 20 Minuten Wassergymnastik. Außerdem gibt es freien Eintritt für den Busfahrer und an allen Adventswochenenden Gebäckbacken im Foyer.

Erlebniswelten Ein weiteres Produkt der modernen Mehrzahlseuche. Erlebniswelten (Mehrzahl) treten für immer mehr Zeitgenossen an die Stelle der realen Welt (Einzahl).

Siehe auch »Aktivitäten« und »Reale-Welt-Kenntnis«.

Erlebniswochenende Nicht nur beim Baden wird das Erlebnis zu einer zunehmend unvermeidbaren Zutat jeder qualitativ hochwertigen Daseinsplanung. Ich erlebe, also bin ich. Durch das Anleimen von »Erlebnis« an Wochenenden oder Weihnachtsfeiern simuliert man preiswert den Abschied vom Alltagstrott, hebt man sich billig in eine höhere Form der menschlichen Existenz. Gibt es schon den Erlebnisurlaub im Trappistenkloster?

Erwerbspersonenpotentiale Wozu die Ewigkeit da ist, erschloß sich Mark Twain erst, als er begann, Deutsch zu lernen: eben zum Erlernen der deutschen Sprache. Einen ähnlichen Gedanken hatte Oscar Wilde, als er den leicht bösartigen Ausdruck prägte, das Leben sei zu kurz, um Deutsch zu lernen.

Aber, aber, meine Herren! Wollen Sie sich wirklich ein Wort wie Erwerbspersonenpotentiale entgehen lassen? Oder Steuerbegünstigungsabbaugesetz? Um ein Land, in dem von zehnjährigen Gymnasiasten erfolgreich erwartet wird, ein Wort wie Binnenwasserstraßenknotenpunkt zu beherrschen, darf man doch gerade als Literat nicht einen Bogen machen! Das ist schon eine kleine Ewigkeit wert.

Siehe auch »Bescheidrückübermittlung«.

Ethikmanagement Managerdeutsch. Bedeutet, daß Werte wie Ehrlichkeit, Zuverlässigkeit und Pünktlichkeit durch die Unternehmensleitung bei den Mitarbeitern zu verankern sind. Zu diesen traditionellen deutschen Tugenden treten heute weitere wie Gruppen- oder Vermittlungsfähigkeit hinzu. Und weil das mehr ist, als man eigentlich von einem Normalsterblichen erwarten kann, reicht die gute Kinderstube nicht mehr aus – da muß schon ein echtes Ethikmanagement her.

Offenbar genügt es im Verständnis der BWL-Strategen nicht mehr, anständiges Benehmen ohne nähere Begründung einzufordern. Auch ist eine moralische Begründung für anständiges Benehmen nicht mehr hinreichend (das haben Elternhaus und Kirche lange genug vergeblich versucht). Ethik muß sich rechnen! Erst dann kann sie im Unternehmen verankert werden.

Siehe auch »corporate citizenship«.

etwas auf breitere Füße stellen Elegante Neuschöpfung, vermutlich aus der Orthopädie stammend. Wenn die Dinge schon auf tönernen Füßen stehen, dann sollten die Füße wenigstens verbreitert werden.

Europa denken Aus dem Französischen (»penser l'Europe«) schlecht übertragener Politjargon. Das Deutsche ist gegenüber dem Französischen in vielen Fällen genauer. Den Franzosen wundert es, daß die Deutschen sagen: »Der Apfel fällt herunter.« Der Franzose faßt herunterfallen in ein Wort (tomber). Die übertriebene Genauigkeit hat aber ihre Vorzüge, zum Beispiel beim Denken. Ich denke (auch: ich denke nach) bezeichnet eine allgemeine Fähigkeit des Menschen, die sich deshalb auch nicht auf einen Gegenstand beziehen kann. Sobald sich das Denken auf etwas Konkretes richtet, wird es mit einer Präposition verbunden (an etwas denken, über etwas nachdenken, etwas überdenken, sich in jemanden hineindenken), wobei diese verschiedenen Konstruktionen wichtige und feine Unterschiede benennen.

Präzision ist auch lästig, denn sie zwingt zum Nachdenken. Das will nicht jeder. Offenbar auch nicht jene, die meinen, die Formel »Europa denken« aus dem Französischen importieren zu müssen. Denn gerade das Unklare und Unbefriedigende eines vereinten Europas wird in diesem Import noch unterstrichen; allerdings nicht als das, was es ist, nämlich als Nachteil, sondern als etwas Besonderes, das nicht jedem zugänglich ist, sondern sich nur außergewöhnlichen Köpfen erschließt. Vielleicht käme mehr dabei heraus, wenn man ganz schlicht über Europa nachdenken würde.

Europa und Rest of World Beraterdeutsch. Zeugt von der Fähigkeit großräumigen Denkens. Während Normalsterbliche gerade einmal mit dem Finger auf der Landkarte von Stade nach Buxtehude gleiten, hat der Berater mit einem Satz die Weltregionen im Griff. Und zwar gleich in der richtigen Perspektive, nämlich so, wie er das jetzt mal für sein Interesse braucht. Europa – und was war da noch? Im Augenblick nicht so wichtig, deshalb: Rest of World. Da hat einer die ganz großen Dimensionen vor Augen. Und wenn das dann noch mit einem Beamer an die Wand geworfen wird, dann nicken die Zuhörer: Klar, Europa und Rest of World! Daß wir nicht schon von selbst darauf gekommen sind!

Eventorganizer Das ist ein Organizer von Events. Eine Fachagentur für Erlebnismarketing aus dem Badischen geht sogar noch weiter: Sie macht »aus jedem Event ein Ereignis«. Offenbar ist der oder das »event« inzwischen so abgedroschen, daß nur durch das deutsche Wort »Ereignis« wieder ein Erlebnis von Rang versprochen werden kann. Wenn alle überflüssigen Anglizismen diesen Weg nähmen – nichts dagegen!

exemplarisches Beispiel Neuer Begriff aus der journalistischen Verdeutlichungskulturszene. Von innovativen Jüngstredakteuren des Deutschlandfunks unermüdlich wiederholt. Das exemplarische Beispiel ist ein beispielhaftes Exempel dafür, wohin sich Sprache entwickeln läßt, wenn ihre Benutzer nicht das Privileg hatten, wenigstens eine Grundschule von innen zu erleben und dort Beispiele kennenzulernen, die geeignet gewesen wären, für ihre spätere Tätigkeit exemplarisch zu werden.

existenzgründungsfreundlich … ist die aktuelle Politik fast aller deutschen Städte und Gemeinden. »Wir als Landeshauptstadt Düsseldorf sind eine Stadt, die mittelstandsorientiert ist. Wir haben existenzgründungsfreundliche Politik großgeschrieben« (OB Joachim Erwin). Als Folge dieser existenzgründungsfreundlichen Politik dürfen immer mehr Gewerbetreibende in Deutschland ihre Existenz immer öfter neu gründen.

»Freundlich« und »feindlich« haben sich in den letzten Jahren auch in anderen Zusammenhängen als Anhänge zur Kennzeichnung einer Haltung stark verbreitet (umweltfreundlich, frauenfeindlich etc.). Wie wäre es, wenn das Angebot der Haltungen, Einstellungen und Stimmungen durch weitere Beiwörter ergänzt würde, zum Beispiel: frauenmürrisch, umwelthämisch, politikgekränkt?

Exit Exit ist eines der Zauberwörter des modernen Managements. Wer von Exit spricht, beweist, daß er jederzeit bereit ist, ein Geschäftsfeld zu verlassen, wenn es sich nicht rechnet. Keine falschen Anhänglichkeiten, lautet die Devise. Der Exitstratege gibt sich streng sachbezogen und hat angeblich immer das Gesamtinteresse des Unternehmens im Blick. Dabei entwickelt er bisweilen eine sich verselbständigende Begeisterung für den Exit überhaupt. Daraus baut er dann gern Exitstrategien. Sein Ziel ist die Fokussierung, die Begrenzung und Beschränkung der Geschäftsfelder. Das Gegenbeispiel erfolgreicher Mischkonzerne bringt ihn nicht ab von seinem Kurs. Dabei vergißt er, wie nahe Exit und Exitus beieinanderliegen: Denn schon so manche Exitstrategie hat unversehens den Exitus des ganzen Unternehmens mit sich gebracht.

exitorientiert So heißt eine Sammlung von Presseberichten über Unternehmen, die genau diesen Exitus kurz vor sich haben. »Unter der Adresse ›BooCompany.com‹ findet der interessierte User ab sofort nicht nur das komplette Archiv aller bisherigen Meldungen, sondern auch die Pressemitteilung zum Neustart«, schreibt der Berliner *Tagesspiegel.*

Bis dann der nächste Exit kommt.

Extremtourismus Müßte eigentlich bedeuten, daß der Grundwiderspruch des Tourismus – nämlich daß alle kollektiv Einsamkeit, Ungebundenheit und Vollversorgung suchen – in seiner extremen Form ausgetragen wird, zum Beispiel im einsam gelegenen Fischerdorf mit unmittelbarer Flughafenanbindung. Tatsächlich aber entfällt in der derzeit gebräuchlichen Bedeutung des Wortes die Flughafenanbindung, während das einsam gelegene Fischerdorf durch reptilienverseuchte Sumpfgebiete zu ersetzen ist.

Exzellenzcluster Das ist nicht etwa eine Versammlung von Erzbischöfen, sondern die Antwort der Deutschen Forschungsgemeinschaft auf Harvard und das MIT. Deshalb müssen Anträge auf Mitmachen auch in englischer Sprache eingereicht werden.

Siehe auch »Kompetenzteam«.

F

»Das Deutsche, die Sprache Luthers,
Goethes, Heines, Fontanes, Bismarcks und
Thomas Manns, ist ein Kulturheiligtum,
das wir nach Kräften zu hüten und vor Entstellungen,
sozusagen den Graffiti-Schnöseleien zu bewahren
haben, die es bedrohen.«

Christian Graf von Krockow (1927–2002)

fair und konstruktiv Modische Beschwichtigungsfloskel. »Ich sage Ihnen zu: Wir werden alle Gesetzesvorlagen, die Sie einbringen, fair und konstruktiv prüfen« (Angela Merkel zu Nochkanzler Gerhard Schröder). Oder Christian Wulff zu einer Eingabe der SPD-Opposition im Landtag Niedersachsen: »Diese Entwürfe werden wir fair und konstruktiv prüfen.«

Aber nicht nur geprüft wird fair und konstruktiv; auch im Umgang miteinander ist man heute fair und konstruktiv. Wo denn? Eben auch wieder vorzugsweise in der Politik. Die SPD ist nach dem Rücktritt Franz Münteferings in einer Führungskrise? Nein, sagt der Hamburger SPD-Vorsitzende Mathias Petersen, der Streit zwischen linkem und rechtem Parteiflügel sei jetzt beigelegt. Und zwar »fair und konstruktiv« – eben wie im Psychoseminar, wo wir alle fair und konstruktiv miteinander umzugehen gelernt haben, nach dem Motto: »Laß dich fallen, die Gruppe fängt dich auf.«

Siehe auch »aufeinander zugehen«.

Faktor Arbeit Neben dem Standortfaktor und dem Impactfaktor einer der wichtigsten Faktoren, aber derzeit todkrank. Und weil Menschen seit jeher gerne über Kranke lesen, wurde er, ganz anders als der Faktor Kapital, in den Jahren Null zum Medienstar und Liebling aller Wahlkampfredner.

Als der Faktor Arbeit noch Arbeit hatte und arbeitete, stand er weniger im Mittelpunkt.

Fehlwurfquote 40 Prozent des Inhalts der gelben Säcke gehören dort eigentlich nicht hin. In Städten sind es sogar 65 Prozent. Das hatte man sich bei den Grünen so nicht gedacht. Aber wie nennt man das nun im Deutschen, was die Bürger da so falsch machen? Man nennt es »Fehlwurfquote«. Damit hat man ein unordentliches Verhalten wenigstens in einen ordentlichen Begriff übersetzt. Wie kompakt, technisch, ja fast schon wissenschaftlich sie daherkommt, die Fehlwurfquote. So als hätte es sie schon immer gegeben oder als müsse es sie einfach geben. Schon allein deswegen, weil sie den steinigen bürokratischen Weg deutlich werden läßt, auf dem die grüne Utopie marschiert ist. Aber damit noch etwas vom moralischen Anspruch durch die Mühen des politischen Alltags durchscheint, beklagt man bei der Fehlwurfquote die »Sortiermoral«. Wie wäre es mit einem Aufstand der Sortiermoralisten gegen die Fehlwerfer?

Feinstaub Neubildung aus dem Wörterbuch der Umwelterregung. Andere Sprachgemeinschaften haben 300 Wörter für Käse oder 100 Wörter für Schnee. Wir Deutschen haben 1000 Wörter für Umweltgefahren aller Art.

fengshuiisieren »Ich möchte meine Wohnumgebung fengshuiisieren, weil mir alles in meiner Wohnung zu öde erscheint«, lesen wir im Internet und hoffen, daß dieser Kelch an uns vorübergehe.

Fingerfood »Iß nicht mit den Fingern!« haben Generationen von Eltern ihren Kindern eingebleut. Verständlich, denn das Essen mit Besteck hat seinen Sinn. Selbst lange Übung im Essen mit Fingern führt immer wieder zu schwierigen Situationen: Wenn nämlich ein neuer Gesprächspartner an den Stehtisch tritt, den man mit Handschlag begrüßen muß. Daran ändert auch »Fingerfood« nichts. Aber es klingt nicht gleich nach fettigen Händen, die man sich umständlich vor dem Händedruck mit Servietten reinigen muß. Vielleicht sollte man wenigstens als Ausgleich in London den ersten Bratworst-Stand eröffnen.

flockige Arbeitsverhältnisse Soziologendeutsch. Meint das Auf und Ab von Praktikum, Volontariat, befristetem Anstellungsvertrag, freier Mitarbeit, Arbeitslosigkeit, ehrenamtlicher Projekttätigkeit und wieder Praktikum und bringt so das abwechslungsreiche berufliche Dasein unserer jungen Generation beschönigend auf den Punkt.

fokussieren Managerdeutsch. Zauberformel jeder Strategiediskussion. Meint die Beschränkung auf Wichtiges, etwa die eines Autobauers auf das Autobauen. Oder die Rückbesinnung mancher Dienstleister auf das Dienstleisten. Aber wie meistens beim Blähdeutsch kann der Begriff auch für das Gegenteil verwendet werden: »Manche Banken sind, wie sie behaupten, fokussiert auf die Bedürfnisse der Kunden«, schreibt Max Behland in der *Financial Times Deutschland*, »haben sich also gewissermaßen von Kreditinstituten zu Bedürfnisanstalten fortentwickelt.«

Siehe auch »Kernkompetenz«.

Format Das Wort bezog sich ursprünglich vor allem auf Briefbögen und Bücher (DIN-A4-Format, Oktavformat) oder auch auf die besondere Charakterstärke eines Menschen (»ein Mann von Format«). Heute bezeichnet das Wort auch Formen der Fernsehunterhaltung. »Und so wagten Carola Sayer und Rainer Bender den Sprung zum Netz-TV.

Beide hatten jahrelange Branchenerfahrungen als freie Autoren und Formatentwickler fürs private Fernsehen gemacht, bevor sie sich im vergangenen Jahr den Wunsch erfüllten, mal was zusammen zu machen – und das ohne die Vorgaben, die eine Festanstellung so mit sich bringt.« *(Der Spiegel)*

Das »Format« kommt dem Bedürfnis nach griffigen, anpassungsfähigen Produktformen ohne innere Festigkeit, aber mit zeitlich beschränkten Konturen entgegen, ähnlich wie das Modul. Andere Begriffe mit gleicher Inhaltsleere bieten sich problemlos an, wie Komplex, Rahmen, Cluster, Kern.

Siehe auch »Modulautoren«.

Fortsetzungsfamilie Was setzt dieser Typ von Familie fort? Emilia Müller, die Erfinderin dieses Begriffs, CSU-Europaministerin und Vorsitzende der bayrischen Frauenunion, läßt uns hier im dunkeln. »Eine zukunftsorientierte Familienpolitik muß sich künftig immer daran messen lassen, ob die Vereinbarkeit von Familie und Beruf und das Ja zum Kind erleichtert wird«, sagte sie vor 600 Mitunionsfrauen. Die CSU müsse die neuen Realitäten berücksichtigen, und das seien: »Patchwork-Familien, Fortsetzungsfamilien, die Alleinerziehenden und das Zusammenleben ohne Trauschein.«

Was für eine Familie wollen Sie gründen? Eine Patchwork-Familie? Oder vielleicht doch eine Fortsetzungsfamilie? Oder eine Kombination aus Patchwork- und Fortsetzungsfamilie, so ganz ohne Trauschein? Oder vielleicht das Drei-Phasen-Modell: erst ohne Trauschein, dann Patchwork – dann aber schließlich doch Fortsetzungsfamilie, weil alles andere recht kompliziert ist im Lauf der Jahre? Hm, schwer zu entscheiden. Wenn einem jetzt nicht einmal mehr die CSU etwas raten kann …

Siehe auch »Bedarfsgemeinschaft«.

frech Warum müssen Mädchen eigentlich seit neustem immer frech sein? »Freche Mädchen« heißt eine ganze Serie von Büchern über die frühe Pubertät, und wenn freche Mädchen die frechen Bücher sammeln wollen, dann heißt das – Überraschung! – »freches Sammeln«. Es ist ja nichts dagegen zu sagen, daß, wenn Jungen frech sind, auch Mädchen frech sind. Aber was ist damit gewonnen, das Frechsein gleich zum positiven Leitbild für Mädchen umzumünzen? Aber letztlich ist das aufdringliche Betonen von »frech« nichts anderes als eine Verkaufsmasche im Gewand der Emanzipation.

Führungsbiotop Managerdeutsch. Will sagen, daß es unter den vielen schlecht geführten Unternehmen auch Ausnahmen geben soll. In autoritär geführten Unternehmen setzen sich oft ergebnisschädigende Techniken des Umgangs miteinander durch. Günstlinge, Intriganten, Opportunisten und Kraftmeier machen ihren Weg. Sie leben vor, wie man mit schwacher Leistung und schlechtem Charakter zu etwas kommt. Neid auf den Erfolg des anderen und ein Klima der Verdächtigung machen sich breit. Sie verhindern, daß im Unternehmen gut zusammengearbeitet wird. So kommt zur Konkurrenz von außen noch der innere Unfrieden hinzu.

Aber die Hoffnung auf kooperative Führungsstile und eine gute Atmosphäre der Zusammenarbeit stirbt zuletzt. Da wünscht man sich einen kräftigeren Begriff als den des Führungsbiotops. Denn dem Führungsbiotop wohnt eine gewisse Deprimiertheit inne: In der Wüstenei autoritärer »Führungskulturen« kann es nur vereinzelte Biotope geben, die von einer kleinen Schar beherzter Gutmenschen gehegt werden. Das kann doch nicht alles sein.

führungsstrategisch Politikberaterdeutsch. Je weiter ein Politikberater vom Einfluß auf echte Politiker entfernt ist, desto leichter gehen ihm Wörter wie Führung oder führen über die Lippen. Da wird geführt, was das Zeug hält, allerdings, ohne daß man dafür die Verantwortung tragen muß. Im Gegenteil. Das Praktische am Führen des Politikberaters ist, daß er die Führung einfordern kann, wenn es sie nicht gibt, und daß er sie bemängeln kann, wenn es sie denn gibt. Damit bringt er sich in die Position, die ein Berater grundsätzlich haben sollte: Er hat immer automatisch recht.

funeral master Nachdem unsere Lehrer jetzt »Master of Education« heißen, wollten auch die Totengräber nicht zurückstehen – sie nennen sich jetzt funeral master. »Zweiunddreißig männliche und weibliche Funeralmaster haben sich … einer fordernden und weiterführenden Ausbildung unterzogen, um eine den Meisterberufen im Handwerk entsprechende Ausbildungsstufe zu erklimmen«, meldet der Bundesverband der Deutschen Bestatter.

Und wo trifft man sich als funeral master jedes Jahr mit seinesgleichen? Auf der »Bestattungsfachmesse mit fachbezogenem Kongreß Eternity«.

fußläufiger Nahbereich Maklerdeutsch. Das Wohnobjekt liegt einsam und verlassen inmitten eines verwahrlosten Waldstücks, das durch seine unmittelbare Nähe zu einem sozialen Brennpunkt als gefährlich gilt. Abenteurer, unbedingt zugreifen!

Siehe auch »parkähnlich«.

G

»Vom Worte werden die Völker länger als vom
Gedanken regiert; das Wort wohnt auf der leichten
Zunge fester als dessen Sinn im Gehirn;
denn es bleibt, mit demselben Tone Köpfe
zusammenrufend und an einander heftend,
und Zeiten durchziehend, in lebendiger
Wirkung zurück, indes der ewig wechselhafte
Gedanke ohne Zeichen umfliegt,
und sich sein Wort erst sucht.«

Jean Paul (1763–1825)

Ganzjahrestomate Dafür hat die Evolution mehrere hundert Millionen Jahre gebraucht: daß es Lebewesen gibt, die das ganze Jahr Tomaten essen. Denen widmet sich der Filmemacher Erwin Wagenhofer: »Mit seinem Lebensmittelindustrie-Film versucht er, den Zuschauern die ferne Wirklichkeit einer Ökonomie nahezubringen, welche die Weltregionen in spezialisierte Produktionszonen einteilt und damit Verschwendung, Hunger und ökologische Wüsten schafft ohne Rücksicht auf Menschen und Zukunftsressourcen«, schreibt die *Zeit*. »Wagenhofer begleitet die energie- und wasserverschlingend produzierte Ganzjahrestomate auf ihrer 3000 Kilometer langen Reise von den Treibhausbaracken im südspanischen Almería nach Mitteleuropa.«

Warum beschreibt Herr Wagenhofer nicht den ganzjahrestomatenverschlingenden Mitteleuropäer beim Ganzjahrstomatenverschlingen? Denn ohne deren Nachfrage fände der ganze Unsinn doch nicht statt.

Die Ganzjährigkeit hat als Begriff das Zeug zur breiten Verwendung über die Tomate hinaus. Wie wäre es mit der Ganzjahresbeschäftigung, der Ganzjahresversorgung, der Ganzjahresbeschulung? Ein fruchtbares Betätigungsfeld für Sprachschöpfer aus der Welt der Bürokratie.

Gefühle zeigen Menschen in der Erlebnisgesellschaft brauchen nicht nur Verstand und Vernunft. Sie müssen vor allem eins können: Gefühle zeigen. In einer Erlebniswelt, die von Spannung einerseits, dann aber auch wieder von Entspannung und Abhängen geprägt ist, braucht vor allem der Prominenznachwuchs die Fähigkeit zur wirksamen Gefühlsentäußerung. Heißt das, daß man jedem ungehemmt und ungebremst seine Gefühle zeigt? Nein, das Zeigen der Gefühle will gesteuert sein, und zwar im Hinblick auf das richtige Publikum und das passende Medium. Die Gefühlsanlässe sind streng auszuwählen: Liebe, Untreue, Entspannung im Pool, mit Hund und Familie daheim, Besuch bei der Mutter in der Kleinstadt auf dem Lande. Geht die öffentliche Reaktion in eine ungewünschte Richtung, kann man immer noch entrüstet die Wahrung der Privatsphäre einklagen. Bei Unsicherheit bieten sich Kommunikationsberater an, die jedoch, bei übermäßiger Verwendung, selbst Kommunikationsanlaß werden können. Aber auch dann heißt es wieder: dramatische Gefühle inszenieren, zum Beispiel durch Treue oder Verrat.

Siehe auch »Emotionspolitiker«.

Gefühlskapital Von der emotionalen Intelligenz zum Gefühlskapital ist es nur ein kleiner Schritt. Im globalen Wettbewerb kann es sich der Zeitgeist nicht leisten, die Gefühlswelt außerhalb wirtschaftlicher Verwertung zu belassen. Wer über ein reiches Gefühlsleben verfügt, sollte sich nicht länger scheuen, es zum Gegenstand unternehmerischen Handelns zu machen. So wie sich jeder Bürger zum »Manager der eigenen Biographie« (Robert Picht) machen soll, kann er auch sein nervöses Grundtemperament oder auch sein Phlegma, seine Zornesausbrüche oder auch seinen Kleinmut als Ausgangspunkt für eine innovative Geschäftsidee nutzen. Schreiblehrgänge für Seifenopernautoren, Extremtraining für Paare – vieles ist hier denkbar, wenn man einmal den Begriff des Gefühlskapitals zu akzeptieren gelernt hat.

Siehe auch »bauchgesteuert«.

gefühlte Kartelle Politdeutsch. In unserer Erlebnisgesellschaft sind auch Gefühle Fakten. Ja, sie haben mehr Gewicht als Fakten. Und so hat es wider Erwarten seine Ordnung, wenn Meteorologen von Empfindungstemperaturen reden, Raser von gefühlter Geschwindigkeit, Spekulanten von gefühlter Konjunktur und nun auch Wirtschaftsjournalisten von gefühlten Kartellen.

Gefühlte Kartelle sind als solche noch nicht vom Bundeskartellamt dingfest gemacht. Aber wir spüren schon vorher auch als aufgeklärte Laien: Das muß ein Kartell sein, was sich da zusammenbraut! Und letztinstanzlich bleiben wir als Volksmund bei unserer Meinung: Das ist ein gefühltes Kartell – auch wenn das Bundeskartellamt nun doch kein echtes Kartell feststellt. Gefühle sind schließlich ehrlicher als Behörden, zumal in der Erlebnisgesellschaft.

gefühlte Stimmung Politdeutsch. Die baden-württembergische Landes-CDU sinnt über die »gefühlte Stimmung« im Lande nach. Das ist im strengen Sinne zwar nicht falsch, denn Stimmungen bilden ja gerade Gefühlszustände ab. Aber es ist auch nicht richtig, denn »gefühlte Stimmung« wäre nur dann ein sinnvoller Ausdruck, wenn es Stimmungen gäbe, die mit Gefühlen nichts zu tun hätten. Und das kann man sich selbst für das Ländle nicht vorstellen. So bleibt denn als einzige Erklärung: »Wir können alles außer Hochdeutsch.«

gefühlte Unbeweglichkeit Politdeutsch. Weiterentwicklung von gefühlter Temperatur und gefühlter Inflation. Gerade für den Politikberater-Tagungsnachwuchs ist die gefühlte Unbeweglichkeit attraktiv, weil man sie nicht weiter nachweisen muß. Es reicht das eigene Gefühl. Kaum je konnte man bislang auf so direktem Weg die eigene Empfindung mit der Autorität des Beweises ausstatten. Problem allerdings: Wie können sich die deutschen Jung-Politikberater, angesichts der gefühlten Unbeweglichkeit der Deutschen, als Teilmenge derselben eigentlich selbst bewegen?

Gegenfinanzierung Technokratendeutsch. Der Niedergang Deutschlands muß mit dem Aufkommen der »Gegenfinanzierung« begonnen haben. Denn vor der Gegenfinanzierung versuchte man zu tun, was man für richtig hielt. Seit der Gegenfinanzierung war vor der Tat zu nennen, wer unter gleichbleibenden Umständen für die Tat vermutlich würde zahlen müssen. Daß sich die Welt als Folge einer Tat verändern könnte, ist den Gegenfinanzierern niemals in den Sinn gekommen. Ebensowenig, daß nach einer Steuerkürzung die Steuereinnahmen sogar steigen können (oder umgekehrt nach einer Steuererhöhung fallen, wie Finanzminister Hans Eichel nach der drastischen Erhöhung der Tabaksteuer im Jahr 2003 erfahren mußte).

Gates junior: Papa, ich habe eine Idee, wie man den Speicher kleiner Rechner so verwaltet, daß auch ein Schimpanse damit umgehen kann. Ich gründe eine Firma und lasse dafür mein Stipendium an der Uni sausen.

Gates senior: Gefällt mir gut, mein Junge. Aber wie steht es mit der Gegenfinanzierung?

Gates junior: Vergiß es.

Gates junior wäre heute Verkäufer in einer Softwarefirma.

gemeinsame Verantwortung Eine Nebelkerze, die den Verantwortlichen helfen soll, sich aus ebendieser Verantwortung hinwegzustehlen. »Wir haben eine gemeinsame Verantwortung, die Instabilität im Irak zu beenden«, verkündet zum Beispiel der französische Außenminister, und damit ist klar, daß diese Instabilität noch eine Weile dauern wird.

Gemengelage Neudeutsch für »Durcheinander« oder »unübersichtliche Situation«. Das Beschreiben eines Gewirrs von Interessen und Handlungen als »Gemengelage« enthebt den Redner der Notwendigkeit, auf das Entwirren zu sprechen zu kommen oder gar für die Lage selbst Verantwortung zu übernehmen. Gemengelagen ergeben sich gewissermaßen naturwüchsig aus einer Überzahl an Einflußfaktoren, die niemand mehr kontrollieren kann. Die Möglichkeit, den Begriff in dieser Bedeutung als rhetorischen Fluchtweg zu verwenden, begründet seine Beliebtheit.

Ursprünglich meinte man mit Gemengelage einen weitverstreuten Grundbesitz (im Gegensatz zur Einödlage, wo alle Grundstücke beisammenliegen). Wenn also die Hamburger *Zeit* den Microsoft-Konzern »eine Gemengelage unterschiedlicher Firmen« nennt, so kommt er dieser alten Bedeutung nahe.

Siehe auch »komplex«.

Generationen-Barometer Barometer mit unterschiedlichsten Anwendungsbereichen erfreuen sich wachsender Beliebtheit und tragen so zur Stimmungsdemokratie bei. Nach dem Europa-Barometer also nun das Generationen-Barometer von Bundesfamilienministerin Ursula von der Leyen. Was wird hier gemessen? »Wie gut ist das Verhältnis von Alt und Jung in Deutschland?« lesen wir dazu im *Tagesspiegel*.

»Die Deutschen glauben, daß jüngere Menschen gleichgültig und respektlos sind, egoistisch, aber auch lebensfroh. Älteren Menschen werden hingegen Eigenschaften zugeschrieben wie Verantwortungsbewußtsein, Hilfsbereitschaft, Höflichkeit, aber auch Engstirnigkeit.«

Na so was! Ohne das Generationen-Barometer hätten wir das nie gewußt!

Gender-Mainstreaming Was bringt eigentlich die Verfechter der Herstellung gleicher Chancen für die Geschlechter dazu, ihr Anliegen auf eine so unverständliche Weise auszudrücken? Ist es eine Grundarroganz gegenüber dem allgemeinen Publikum auf der Schildergasse oder der Zeil? Ist es Mangel an sprachlicher Phantasie? Oder ist es transatlantische Begeisterung?

Siehe auch »Holsteiner und Holsteinerinnen«.

generieren Der »derzeit letzte Schlager auf dem Gebiet der verbalen Albernheiten« (Wolf Schneider in der *Welt*). Erinnert an die Bibel und die Genesis. Auf jeden Fall an etwas sehr Bedeutendes, an die Erschaffung aus dem Nichts. Deshalb wird in den Jahren Null so gern generiert. Vor allem Wachstum. Und als zweites Beschäftigung: Unsere unermüdlichen Arbeitsvermittler in Nürnberg zum Beispiel generieren weit über eine Million Vermittlungsversuche jedes Jahr.

Höchste Zeit, daß auch unangenehme Dinge generiert werden können. »Wir haben eine Niederlage generiert«, könnte es nach einer verlorenen Wahl heißen. Das spendet den Wahlkämpfern Trost und unterstreicht, daß auch Niederlagen mit Phantasie und Schöpferkraft errungen werden können.

gepflegter Zustand Maklerdeutsch. Die angepriesene Immobilie ist unbedingt renovierungs-, wenn nicht gar restaurierungsbedürftig. Alle Einbauten sind frühestens aus den 60er Jahren. Aber wer den Stil jenes Jahrzehnts mag – nur zu!

Siehe auch »parkähnlich«.

Gerechtigkeitsfalle Politikerdeutsch. Bedeutet aus der Sicht derjenigen, die den Begriff gebrauchen, daß die Vermeidung großer Einkommensunterschiede durch Umverteilung letztlich den Geringverdienenden schadet. Oder umgekehrt: Die Chance zum großen Geld regt die Investitionsbereitschaft an und sorgt für wirtschaftlichen Wohlstand, der auch den unteren Schichten zugute kommt (Ronald Reagan nannte das auch den »trickle-down-effect«).

Die Befürworter einer verstärkten Umverteilungspolitik schaden in dieser Sicht ihren eigenen Klienten. Aber nicht bösartig, denn sie wollen nur das Beste. Gerade das aber macht sie blind für die tatsächlichen wirtschaftlichen Mechanismen. Sie tappen in die Falle, zu ihrem und zu unserem Nachteil.

Wenn es nur ihr eigener Nachteil wäre, könnte man sie ja gewähren lassen. Aber da es auch unser Schaden ist, muß man ihnen rechtzeitig in die Speichen greifen, womit man wiederum gleichermaßen zu ihrem und zu unserem Vorteil handelt. So wird der Vorteil geradezu gerecht verteilt. Aber Vorsicht! Wenn das nicht eine neue Gerechtigkeitsfalle ist.

Geschäftsmodell Früher hatten es Handwerker und andere mittelständische Betriebe einfach: Sie erfüllten die Wünsche ihrer Kunden und schrieben diesen dafür eine

Rechnung. Das reicht heute nicht mehr aus. Man braucht ein »Geschäftsmodell«.

Siehe auch »Basel II«.

Gewaltschriftsteller Feuilletondeutsch. Gewaltschriftsteller müssen nicht unbedingt selbst gewalttätig sein. Aber es schadet nicht. Schließlich sind sie Botschafter eines Kulturbetriebs, der seinen Beitrag zur Erlebnisgesellschaft leistet. Sie stehen mitten in jener Bewegung, die nach der langen Überschätzung der Vernunft nun endlich der menschlichen Wesensart, also dem Bauchgefühl, ihren Platz in der Zivilisation zurückerobert. So macht sich der Gewaltschriftsteller auch verdient ums gesellschaftliche Ganze.

Siehe auch »bauchgesteuert«.

Gewinnwarnung Managerdeutsch. Meint nicht etwa eine Warnung vor einem Gewinn, sondern die seit neuestem gesetzlich vorgeschriebene – und in den Jahren Null vermehrt zu vernehmende – Warnung vor dem Umstand, daß ein Gewinn ausbleibt. Es müßte also »Verlustwarnung« heißen. Aber dann wüßte ja jeder gleich, was gemeint ist.

Gipfel Auf denglisch auch »summit«: »Cologne, the city of the summits«. Früher waren damit ausschließlich Bergspitzen gemeint. Aber Gipfel können nicht Normalsterblichen überlassen bleiben. Kaum auszudenken, daß sich für alle Ewigkeit nur unbedarfte Kletterer auf Gipfeln treffen. Das wäre ja wohl der Gipfel! Die Spitze gehört anderen, den Wichtigen, Bedeutenden. Deshalb vermehren sich die Gipfeltreffen ohne Kletterer: Jobgipfel, Europagipfel, Gesundheitsgipfel, Lehrstellengipfel, Leerstellengipfel, Integrationsgipfel, Innovationsgipfel.

Und wer hilft den Gipfelstürmern wieder herunter? Die Sachlage.

girls' day Findet seit kurzem jedes Jahr im Mai in Deutschland statt, als Vorstufe zum mothers' day.

Siehe auch »Gender-Mainstreaming«.

globales Networking Die uralte und bewährte kölsche Erkenntnis »et is immer jut, wenn man einen kennt« meinen die Strategen des internationalen Managements mit »Networking« unter die Leute bringen zu müssen. Wir empfehlen statt dessen eine weitere kölsche Übersetzung: »weltweit klüngeln«.

Siehe auch »vernetzt«.

Globalisierung Im Duden seit 1996 und spätestens seither ein unverzichtbarer Bestandteil jeder Wahlkampfrede. Wir wußten zwar schon lange: Wenn ein Schmetterling in Australien mit den Flügeln schlägt, gibt es zwei Wochen später in Brasilien einen Wirbelsturm. Aber daß man Kinderspielzeug auch in China produzieren kann, war vielen neu. Und wie fast alles Neue macht das zunächst mal angst. Wenn der Redner »Globalisierung« sagt, weiß das Publikum: Jetzt wird es ernst. Es reagiert wie zur Schulzeit, wenn man beim Schwatzen erwischt wurde: mit der Aufmerksamkeit, die schlechtem Gewissen und der Angst vor Versäumnissen entspringt. Gerade das macht die rhetorische Kraft des Begriffs aus. Hier scheint die Gewalt des Faktischen zu sprechen. Und so kann der Redner im Anschluß an die Beschwörungsformel der Globalisierung eine Reihe von Forderungen aufstellen und wird dabei zunächst sogar vom gegnerischen Publikum angehört. Der ältere Begriff der Internationalisierung hat diese Kraft nie erreicht; einen ähnlichen Effekt hatte vor dem Platzen der IT-Blase allenfalls die »digitale Revolution«.

Was das Zauberwort Globalisierung unterschlägt: Wir haben es hier eher mit einer Amerikanisierung des Wirtschaftens und des Geschäftsgebarens, ja unserer ganzen Lebenswelt, zu tun.

Siehe auch »Europa und Rest of World«.

Globalzufriedenheit Tourismusdeutsch. Wir wollen, daß Sie sich rundum zufrieden fühlen. Unsere Animateure stehen Ihnen rund um die Uhr zur Verfügung. Wir bieten Ihnen rund um den Globus die schönsten Plätze an den immer gleichen Stränden in immer ähnlicher Umgebung – ob in Spanien, Tunesien, Zypern oder sonstwo. Und wenn man so rundum »Urlaub unter Freunden« macht, wo einen auch jeder mit dem freundlichen »Du« und mit »hallo« anspricht, von der 18jährigen Praktikantin bis zum Sportanimateur aus Zürich mit Zwischendiplom, ja, dann kann man seinen Freunden vom Club vor der Abreise auch mal sagen, wie denn die Globalzufriedenheit ist. Denn das wollen sie wissen.

Ja, wie ist sie denn? Hoch oder niedrig, zum Beispiel? Hm, aber kann dann eine niedrige Globalzufriedenheit stellenweise doch eine hohe, sagen wir: Partikularzufriedenheit bedeuten? Wie darf ich denn, Herr Hoteldirektor, zum Ausdruck bringen, daß mir manches gut, aber zum Beispiel die kinderfreie Zone nicht so gut gefallen hat? Aber, aber, wer wird es denn so genau nehmen, noch dazu unter Freunden? Unter Clubfreunden, da läßt man die Seele baumeln, da tanzt man zu heißen Rhythmen, da läßt man sich einfach rundum verwöhnen, bis man dann eben auch ganz einfach globalzufrieden ist, und zwar rundum.

guter Anfang Politikerdeutsch. Der Irakkrieg zum Beispiel war laut Donald Rumsfeld »ein guter Anfang«. Man darf gespannt sein, was dann ein schlechter Anfang ist.

Einen guten Anfang erlebt derzeit glücklicherweise auch das Bestattungswesen in Österreich. Unter der Überschrift »Österreich – ein guter Anfang?« fragt ein Herr Pankratz im Internet: »In einem Prospekt der Firma Grieneisen wurde erwähnt, daß in Österreich erst vor kurzem das Monopol der städtischen Bestattungsinstitute weggefallen sei und sich bis jetzt nur wenige Privatunternehmer auf dem Markt befinden. Stimmt das? Könnte man dann also sagen, daß Österreich ein gutes Pflaster für den Neuanfang eines Bestatters wäre?«

Siehe auch »Neuanfang«.

Gutmensch Der Gutmensch ist aus der Sicht dessen, der ihn so benennt, einfach zu gut für diese Welt. Er nervt mit seinem Gutsein. Können die Dinge nicht auch einmal schlecht sein? Muß man gleich betroffen, bestürzt, empört, wütend und traurig sein, wenn etwas nicht so gut oder nicht ganz anständig ist?

Daß Gutmenschen im Deutschen nichts Gutes sind, muß man übrigens einem Deutsch lernenden Ausländer erst einmal erklären. Es ist ihm nicht leicht verständlich zu machen. Er hatte gedacht, die Deutschen würden Wert auf Anständigkeit legen und auch ihre Gefühle im Sinne der Wahrhaftigkeit eher direkt äußern. Warum soll das nun wieder falsch sein? Nun, sagen da die Gegner der Gutmenschen, er kennt eben die Gutmenschen noch nicht.

Gutmenschenerregung Der Gutmensch ist aus der Sicht derer, die ihn so nennen, nicht aggressiv, sondern eher vorwurfsvoll. Das macht ja den Umgang mit ihm so schwierig. Er appelliert an gemeinsame Werte, gebärdet sich eher konservativ, schaut traurig und doch fordernd in die Runde seiner Wahlkampfgegner – wie soll man darauf reagieren? Schwierig! Leichter wird es, wenn er in der ihn kennzeichnenden Mischung aus Wut und Trauer daherkommt. Das ist dann die – von seinen Gegnern so bezeichnete – Gutmenschenerregung. Welche Gefühlszustände die Gegner der Gutmenschen ausmachen, wäre auch einmal eine Wortschöpfung wert.

Siehe auch »Gefühlskapital«.

Guttuer Der Guttuer (Wort von Frank Sawatzki) paßt in die Erlebnisgesellschaft. Seien wir doch ehrlich! Vorbei die Zeit unendlicher Diskussionen bei überquellenden Aschenbechern bis in die frühen Morgenstunden hinein! Heute sind Guttuer angesagt: Menschen, die schlicht und geradeheraus einfach nur guttun. Die Frenzi auf der Almhütte und der Kevin vom Biergarten im Stadtteil. Menschen, die a Gaudi hamm wolln, heitere Zeitgenossen, die Wohlsein, nein, mehr, Wellness verbreiten. Vielleicht sind die Guttuer gar die Gutmenschen der Jahre Null?

H

»Sagen sie, daß sie nach vielem Nachsinnen
und Nagelbeißen kein Deutsch gefunden,
so ihre herrliche Gedanken auszudrücken
gut genugsam gewesen, so geben sie wahrlich
mehr die Armut ihrer vermeinten Beredsamkeit
als die Vortrefflichkeit ihrer Einfälle zu erkennen.«

Gottfried Wilhelm Leibniz (1646–1716)

Hallo Hallo löst das herkömmliche »Hier Heinz Müller« am Telefon, auch in Briefen oder in der mündlichen Anrede zusehends ab (jenseits der Weißwurstgrenze sehen sich inzwischen auch »Grüß Gott« und »Servus« von Hallo bedrängt). Im elektronischen Postverkehr ist Hallo längst zur beherrschenden Anrede geworden, erstaunlicherweise ergänzt durch »Guten Tag«, das lockerer wirkt als »Sehr geehrte(r) ...«.

Man muß zugeben: »Guten Tag« oder auch in der üblichen Aussprache »Guten Tach!« klingt hart, etwas brüsk. Es erfüllt damit nicht unbedingt den Zweck einer freundlichen Begrüßung. Es soll allerdings auch Zeitgenossen geben, die es freundlich und nett sagen können. Umgekehrt gelingt es auch vielen, ihre Mitmenschen ausgesprochen desinteressiert oder gar ablehnend mit Hallo zu begrüßen. Es ist eben immer der Ton, der die Musik macht. Daß Hallo inzwischen alle unterschiedlichen Grußformen (also Guten Tag, Servus, Grüß Gott, Lieber, Sehr geehrter) verdrängt, wird uns spätestens dann leid tun, wenn vom Hallo ausgehend der nächste Schritt erfolgt – zum allgemeinen Du.

Siehe auch »alles klar«.

Handlungsbedarf Besteht in Deutschland immer, schon allein deswegen, weil das Land ständig panische Angst hat, etwas zu verpassen oder zu verschlafen. Der Handlungsbedarf bezieht sich jedoch meistens nicht auf eine konkrete

Person oder Personengruppe. Deshalb wird man dem Redner immer recht geben, wenn er irgendwo Handlungsbedarf erkennt. Der Klarheit wegen sollte man den, der von Handlungsbedarf spricht, allerdings gleich auch fragen, was er denn selbst zu tun gedenkt. Dabei wird man merken, daß er nicht sich selbst meinte, sondern andere. Da das andere wiederum genauso sehen – daß nämlich wiederum andere gemeint sind –, ist wenigstens dafür gesorgt, daß letztlich niemand etwas tut und uns der Handlungsbedarf nicht ausgeht.

Beliebte Quellen von Handlungsbedarf sind Bilanzpressekonferenzen, Versetzungstermine in der Schule, schlechte Tabellenplätze in der Fußball-Bundesliga oder Skandale in der Lebensmittelindustrie: »Auch wenn der Verband der Fleischindustrie (VDF) immer wieder betont, daß es sich bei den auffällig gewordenen Betrieben nur um wenige Schwarze Schafe handelt, die den Ruf einer ganzen Branche ruinieren, sieht der Verband Handlungsbedarf« *(Die Welt)*.

happy Was vereint unsere Wintersportler Anni Friesinger, Kati Wilhelm und Tobias Angerer? Sie sind »so happy«. Weil: bei Olympia eine Medaille gewonnen! Happy zu sein ist überhaupt ein neuer Aggregatzustand des deutschen Sportlerhirns.

Der Zustand ist steigerbar. Die Biathlonstaffel war nach dem Gewinn der Goldmedaille sogar »total happy«, eine Eisschnelläuferin aus gleichem Anlaß »super happy«. Und wie beschreibt man dann die Gemütsverfassung nach der zweiten Goldmedaille? Klar: »total super happy«.

Da sollte mal einer sagen, daß es der deutschen Sprache an Ausdrucksmöglichkeiten mangelte.

Siehe auch »olympischer Spirit«.

hard facts Jetzt müßten, liest man in der Presse über einen knapp am Konkurs vorbeigeschrammten Autobauer, »die hard facts folgen – in Gestalt weiterer Modelle«. Was ist der Erkenntniszuwachs der hard facts gegenüber den harten Fakten? Vielleicht der, den die soft skills gegenüber der alten deutschen Bildung ausmachen (soft skills bedeutet weniger allgemeine »Bildung«, sondern persönliche soziale Fähigkeiten wie Einfühlungsvermögen, Teamfähigkeit etc.)? Dann wären eigentlich die harten Fakten vorzuziehen oder auch die alte normative Kraft des Faktischen. Im Vergleich dazu klingen die hard facts fast schon ebenso leichtgewichtig wie die soft skills im Unterschied zur Bildung.

Was hard facts und soft skills unterscheidet, erläutert uns die *Welt*: »Unter den Rahmenbedingungen, die ein eher negatives und restriktives Investitionsklima erzeugen, sind der Verstand und die hard facts wesentlich mehr gefordert als die soft skills.«

her Diese unscheinbare Fußpilzsilbe wuchert immer häufiger in Sätzen wie: »Von der Inszenierung her war das Stück ein einziger Reinfall.« Dabei ist das von der deutschen Grammatik her völlig überflüssig, weil man es viel einfacher sagen kann: »Die Inszenierung des Stücks war ein einziger Reinfall.«

Herausforderungen Früher forderte man jemanden heraus oder wurde von jemandem herausgefordert. Herausfordern war ein Verb, das eine fast schon körperliche, direkte Beziehung zwischen einzelnen beschrieb. Ganz so direkt mag man es in der Sprache der Übertreibungen nun doch wieder nicht. Aber zugleich möchte man etwas vom Wagemut der direkten Auseinandersetzung in die Welt der Konferenzräume und der Pressekonferenzen retten. Herausforderungen sind aber vage und unpersönlich. Die Globalisierung wird typischerweise als Herausforderung genannt. Ebenso vage ist damit auch, wer denn auf was konkret zu reagieren hat. »Die Herausforderungen unserer Zeit« lassen das völlig offen. Gerade deswegen ist die Formel auch so beliebt. Ein schicksalsmächtiges Geraune ohne irgendeine Verpflichtung: das klassische Imponierdeutsch der Gegenwart. »Einer der verlogensten Begriffe, den Manager und Wirtschaftspolitiker im Munde führen« *(Frankfurter Allgemeine Sonntagszeitung)*. »Immer wenn sie in Schwierigkeiten sind, nennen sie das Herausforderungen, ohne konkret werden zu müssen.«

Siehe auch »operative Herausforderungen«.

herunterbrechen Dieser vorläufig letzte Sproß der großen Wortfamilie »-brechen« – abbrechen, einbrechen, umbrechen, wegbrechen, zusammenbrechen und so weiter – meint nichts anderes als: etwas in seine Bestandteile zerlegen. »Wir wollen dieses hochkomplexe Thema so herunterbrechen, daß es für jeden Privatanleger und Anlageberater verständlich und vor allem anwendbar wird« (ein Anlageberater in der *Welt*).

Während aber jedes Kleinkind etwas in seine Bestandteile zerlegen kann, ist das Herunterbrechen eine Sache für Experten und damit höherwertig: »Auch in anderen Politikfeldern glaubt Pofalla das Motto der zu führenden Grundsatzdebatte auf ganz praktische Politik herunterbrechen zu können.« Hier spielt auch die Nebenbedeutung »die Folgen aufzeigen« hinein, wie in dem Satz: »Wir müssen die Reformdebatte, die in Deutschland geführt wird, auf München herunterbrechen.«

Je weniger man tatsächlich etwas tut, desto brachialer wird das Machen in der Sprache simuliert.

Siehe auch »seine Hausaufgaben mehr als machen«.

Holsteiner und Holsteinerinnen Sind, falls vierbeinig, eine der ältesten deutschen Pferderassen und heißen dann auch Hengst und Stute. Als Zweibeiner sind sie neuer und stehen hier spätestens seit der schleswig-holsteinischen Landtagswahl 2005 für alle Minister und Ministerinnen, Staatssekretäre und Staatssekretärinnen, Kreisgeschäftsstellenleiter und Kreisgeschäftsstellenleiterinnen, Bürger- und Bürgerinnenmeister und Bürger- und Bürgerinnenmeisterinnen. Dadurch dauert zwar alles etwas länger, aber Zeit haben wir ja. Auch bei der Gewerkschaft der Polizei: »Polizistinnen und Polizisten lassen sich nicht widerstandslos melken«, ließ diese anläßlich geplanter Leistungskürzungen für Bundesbeamte wissen.

Siehe auch »Gender-Mainstreaming«.

Fast jeder Schneider will jetz und leider
Der Sprach erfahren sein und redt latein,
Wälsch und französisch, halb japonesisch,
Wann er ist doll und voll, der grobe Knoll.
Ihr bösen Teutschen, man sollt' euch peitschen,
Daß ihr die Muttersprach so wenig acht.
Ihr lieben Herren, das heißt nicht mehren:
Die Sprach verkehren und zerstören.
Ihr tut alles mischen mit faulen Fischen
Und macht ein Mischgemäsch, eine wüste Wäsch
Ihr bösen Teutschen, man sollt' euch peitschen.
In unserm Vaterland, pfuy ob der Schand!

Johann Michael Moscherosch (1601–1669)

ich bin sicher Beschwörungsformel in der Politik. »Ich bin sicher«, sagte Altkanzler Gerhard Schröder, »die Menschen in den Beitrittsländern werden die Chancen, die sich uns allen durch die EU-Erweiterung bieten, nutzen und durch ihr positives Votum bei den Volksabstimmungen den Weg zur endgültigen europäischen Einigung frei machen.«

Wie viel ist diese Sicherheit in der Politik wert? Sie soll ja mehr aussagen als nur die persönliche Meinung des Redners. Sie soll in der Art eines Autoritätsbeweises andere beruhigen. Wenn sich schon ein Spitzenpolitiker sicher ist, dann dürfen auch wir es sein. Aber reicht uns der Autoritätsbeweis? Glauben wir an die Autoritäten? Wenn sie wenigstens an sich selbst glaubten! Doch meistens meint der Redner, wenn er sich sicher zeigt, daß andere sicher sein sollen, während er selbst noch im Zweifel ist.

ich denke ... also bin ich. Aber was? Natürlich eine very important person (vip)! Denn nur VIPs wie Altkanzler Schröder denken laut, andere Menschen denken schweigend: »Ich denke, Mainz ist ein guter Ort für diese Begegnung [mit George W. Bush].«

Auch auf seiner Nahostreise hat Schröder viel gedacht: »Ich denke, die ganze Region hat ein Interesse an einem stabilen Irak«, meinte er in Riad, und in Sanaa, etwas später: »Ich denke, es gibt nichts Besseres, als Gemeinsamkeiten auf dem Gebiet der Bildung und Ausbildung zu entwickeln.«

ideenfreie Zone Bereich, der entsteht, wenn die Unternehmensberater wieder weg sind.

Siehe auch »Abwanderungszone«.

Impactfaktor Einer der in Laienkreisen eher Unbekannten aus der großen Familie der Faktoren. Anders als seine großen Brüder, der Standortfaktor und der Faktor Arbeit, ist der Impactfaktor nämlich nur für eine Randgruppe der Bevölkerung, unsere Wissenschaftler, von Bedeutung. Aber dafür immer mehr. Früher brauchte man in Deutschland, um Professor an der Universität zu werden, überdurchschnittliche Leistungen in der Wissenschaft. Heute braucht man einen hohen Impactfaktor. Der bemißt sich danach, wie viele Amerikaner die Werke eines deutschen Wissenschaftlers lesen. Oder zum mindesten so tun. Denn was zählt, ist vor allem der Abdruck in einer amerikanischen Fachzeitschrift; je mehr andere amerikanische Fachzeitschriften dieses Blatt zitieren, desto höher dessen Impactfaktor und damit der Impactfaktor derer, die dort publizieren.

Ob das der Wahrheitsfindung dient?

Siehe auch »Exzellenzcluster«.

Implikationen Etwas, das aus etwas anderem folgt. Und zwar notwendigerweise und unausweichlich. Der Genuß von drei Flaschen Rotwein am Abend impliziert einen gehörigen Kater am nächsten Morgen. Und der überhörte Wekker impliziert das verspätete Erscheinen am Arbeitsplatz, von den persönlichen Implikationen des dadurch bewirkten Ärgers im Betrieb gar nicht zu reden.

Anders als die »Folgen«, die man sich im allgemeinen selber zuzuschreiben hat, sind Implikationen im neueren Verständnis aber eher Schicksalsschläge. Das erklärt auch ihre seuchenhafte Ausbreitung in den Jahren Null: Wenn die wirtschaftlichen Implikationen einer Erhöhung der Mehrwertsteuer nicht mehr dem Finanzminister, sondern allgemeinen Naturgesetzen anzulasten sind, fällt doch die eine oder andere Entscheidung dazu sehr viel leichter.

Impuls- und Spontankauf Marketingdeutsch. In einer zunehmend triebgesteuerten Gesellschaft darf sich auch das Kaufverhalten nicht länger von vernünftigen Erwägungen – was habe ich, was brauche ich? – leiten lassen. In der Erlebnisgesellschaft gilt »kundenseitig« die Devise der direkten Befriedigung triebhafter Kaufgelüste. Für den Impuls- und Spontankauf muß schon mehr geboten werden als ein gutes Sortiment. Triebhaftem Kaufverhalten muß ein triebförderndes und -befriedigendes Angebot gegenüberstehen. So rückt endlich die Marktwirtschaft in die Triebstruktur des Menschen ein.

Informationsgesellschaft Die wird uns seit Karl Steinbuchs Klassiker *Die informierte Gesellschaft* von 1966 ständig angekündigt. Aber erst jetzt reden alle von der Informationsgesellschaft als dem gesellschaftlichen Zustand unserer Zeit: »Wenn ich fünf Tage hier wäre, hätte ich ein komplettes Konzept für die deutsche Informationsgesellschaft im Kopf« (Angela Merkel in Finnland).

Die Informationsgesellschaft ist allerdings nicht deckungsgleich mit der informierten Gesellschaft, eher im Gegenteil. Informationen sind strukturierte und wichtige Neuigkeiten. Es wird uns aber immer mehr unwichtiges Neues aufgedrängt. Dadurch wächst die Kenntnis von Belanglosigkeiten, während das Wissen von Wichtigem sinkt. Letztlich entwickelt sich deshalb die Informationsgesellschaft im Gegensatz zu dem, was eine informierte Gesellschaft sein könnte.

Inhalte Daß Bierflaschen und Keksdosen einen Inhalt haben, ist bekannt. Parteiprogramme haben sogar mehr als einen. Ob dabei Jamaika oder rote Ampel die richtige Konstellation sei, so ein Politiker der Grünen, hänge davon ab, wie viele grüne Inhalte in solch einem Bündnis durchgesetzt werden könnten.

Auch Pressemitteilungen von Unternehmen und Behörden wimmeln nur so von Inhalten. Leider sind die aber schwer zu fassen oder in Wahrheit nicht vorhanden. Wie kommentierte der legendäre Dr. Motte die Neuauflage der Berliner Liebesparade: »Zuwenig Inhalte, zuviel Kommerz.«

Besonders wertvolle Inhalte heißen auch »content«. »Die Content-Könige haben zur Zeit das Zepter in der Hand«, verkündet uns die *Welt*. »Sie heißen Murdoch, Malone oder Messier und sind die neuen Popstars der Informationsgesellschaft.«

Innovationspakt Ein Großprojekt von NRW-Ministerpräsident Jürgen Rüttgers, um »Bayern in zehn Jahren [zu] überholen«. Ob im Fußball oder im Bierverbrauch pro Kopf, bleibt dabei zunächst offen, genauso wie die Frage, wer hier überhaupt mit wem paktiert. Dabei wüßte man es gern, zumal »Pakt« geschichtlich nicht unbelastet ist.

Nicht zu verwechseln mit dem Innovationspakt ist das Innovationsbündnis. Es verbindet die deutschen Wissenschaftsminister mit ihren Universitäten. Letztere dürfen sich, und das ist das Innovative dabei, in Zukunft um ihre Finanzierung selber kümmern.

Siehe auch »Pakt für Deutschland«.

innovativ Diese Imponiervokabel gehört zur Grundausrüstung jedes deutschen BWL-Absolventen. Vor allem EDV-Anbieter wären ohne sie verloren. »Innovative Wettbewerbstools mit Fokussierung der Implementierungsbreite« stehen im Wettbewerb mit »innovativen Marketingkonzepten« und »innovativen Sequenzierungsstrukturen«. Weiß wirklich jemand, was das bedeutet? Vielleicht ist sogar genau das das eigentlich Innovative an der ganzen Sache. Hätte man statt dessen das gute deutsche »neu« oder »neuartig« gebraucht, wäre aufgefallen, daß der Kaiser nackt ist.

Vermutlich aus diesem Grund werden »neu« oder »neuartig« auch andernorts zusehends von »innovativ« verdrängt. So trainiert etwa der Hamburger Sportverein mit »als innovativ geltenden Methoden«, glänzt Gewerkschaftsführer Jürgen Peters mit »innovativen Abschlüssen wie der Einführung der Vier-Tage-Woche« und prahlt der neue Audi Roadjet mit einer »innovativ gezeichneten Heckansicht« – je seltener die wahren Innovationen, desto innovativer sind viele beim Erzeugen eines schönen Scheins.

intellektueller Austausch Angeberdeutsch für »ein kleines Schwätzchen halten«. Wie sagt es eine Landkommunardin im Merian-Reiseführer Umbrien? »Den Kontakt mit den Studenten, den intellektuellen Austausch, das fände ich schon schön.«

Intensivtäter Modernes Juristendeutsch. Sind Intensivtäter solche Täter, die beispielsweise besonders intensiv ein Teppichhaus ausräumen, indem sie nicht nur die teure Auslegeware mitnehmen, sondern auch gleich den abgetretenen Teppichboden des Geschäfts? Nein, so nah am Volksverständnis sind die Justizbehörden nun doch wieder nicht.

Intensivtäter sind nicht etwa solche, die eine bestimmte Tat besonders intensiv begehen. Sie haben vielmehr mehrere schwere Taten nacheinander verübt, wobei die eine durchaus weniger intensiv sein kann als die andere.

Wie mißt man das? Schwer zu sagen. Die Behörden retten sich aus der Klemme, indem sie sich auf Zeitraum und Anzahl beziehen: Intensivtäter ist, wer mehr als zehn schwere Taten binnen zweier Jahre begangen hat. Da kann man den Intensivtätern nur eines empfehlen: Wenigstens knapp darunter bleiben – also zum Beispiel weniger als zehn Taten in zwei Jahren begehen, oder zehn Taten in mehr als zwei Jahren. Ob dieser Ratschlag die Kriminalitätsrate verringert? Nein, aber vielleicht ihre Intensität.

Der Intensivtäter macht viele neue Ableitungen möglich: Wie wäre es mit dem Intensivredner oder auch dem Intensivpleitier?

interdisziplinär Die Zauberformel des modernen Wissenschaftsbetriebs. Hat berauschende Wirkung auf Kultusbürokraten. Ein Wissenschaftler, der noch in seiner eigenen Disziplin arbeitet, muß sich heute fragen, ob er den Zug der Zeit verpaßt hat. Abiturienten müssen sich fragen, ob es noch sinnvoll ist, BWL, Medizin oder Jura zu studieren. Oder soll man besser Kulturwirtschaft absolvieren? Oder Genderstudies als Querschnittswissenschaft? Vielleicht einen Bachelor in Religionsmeteorologie und anschließend noch einen Master in Unternehmensphilosophie?

Internationalisierung Neben der Interdisziplinarität ist das der zweite Königsweg in eine glorreiche Zukunft der deutschen Universitäten. Kaum eine Hochschule – und schon gar keine Fachhochschule – meint um eine Verbeugung vor der Internationalisierung herumzukommen, kein deutscher Hochschullehrer, dem nicht täglich die Internationalisierung fast schon als Selbstzweck seines akademischen Wirkens angepriesen würde.

Schon im Mittelalter pflegten die Universitäten einen regen Austausch mit anderen. So neu ist die Internationalität also gar nicht. Neu ist allerdings die Aufgeregtheit, mit der sie verkündet wird. Das läßt eher auf Provinzialismus schließen. Suchen unsere Hochschulen vielleicht ihr Heil in der Flucht? Und tut dies nicht vor allem derjenige, der selbst nicht in der ersten Liga spielt? Wie ist es zu bewerten, daß immer mehr Studiengänge in Deutschland auf englisch angeboten werden? Meint man, begabte junge Ausländer für unser Land zu gewinnen, wenn sie noch nicht einmal die deutsche Boulevardpresse verstehen können? Wie wäre es, Spitzenforschung zu betreiben, anstatt sich darauf zu verlassen, daß Mittelmaß in englisch ankommt?

Siehe auch »University of Applied Sciences«.

in Trauer stürzen Die ewig junge Hohlformel für staatlich verordnete Krokodilstränen erlebt derzeit ihren zweiten Frühling. Ob ein Zug entgleist, ein Wohnhaus niederbrennt oder eine Schlammlawine ein Gebirgsdorf überschwemmt: Das Land wird regierungsamtlich automatisch in Trauer gestürzt.

Siehe auch »Bestürzung hervorrufen«.

irgendwie Das Zauberwort der Generation Konjunktiv. Im Merian-Reiseführer Umbrien ist Margarete, die mit ihrem Mann zur Zeit in Utopiaggia probewohnt, »irgendwie enttäuscht von der Dusche«. Warum irgendwie enttäuscht? Nun, einfach nur enttäuscht zu sein wäre für Margarete zu kategorisch. So genau will sie sich nicht festlegen. Zu leicht sitzt man einem Vorurteil auf. Margarete hat es lieber etwas differenzierter. Also irgendwie enttäuscht ist sie, und über den Grad und die Ausprägung ihrer Enttäuschung, ja, darüber muß sie noch nachdenken, und dann muß sie das erst einmal andiskutieren, bevor sie zu einem Ergebnis kommt. Und außerdem sind Ergebnisse gar nicht so wichtig, weil wichtiger sind die Prozesse, in denen das abläuft. So auch Joschka Fischer in seiner Abschiedsrede vor seinen Mitarbeitern im Auswärtigen Amt: »Irgendwie werde ich Sie alle ein Stück weit vermissen.«

Siehe auch »ein bißchen«.

item Das stand früher klein geschrieben für »ebenso, desgleichen«, groß geschrieben für »das Fernere, das Weitere«, ist aber laut Duden in diesem Sinn veraltet. Heute wird item im Deutschen englisch ausgesprochen, steht für Thema, Diskussionspunkt oder Wörterbucheintrag und wuchert vor allem in pädagogischen Texten wie in dem Lehrbuch *Fit für den Test Deutsch als Fremdsprache* des Max Hueber Verlags. Hier lernt der Ausländer, daß er »items unterscheiden«, »in den items suchen« oder »Texte zu den passenden items« finden soll.

Hilfreich! Wie sonst sollen Ausländer die deutsche Sprache lernen?

issues Was dem Sprachdidaktiker die Items, sind dem Ökonomen die issues. »Aus meiner Sicht bietet Davos ein breites und tiefgestaffeltes Programm wesentlicher wirtschaftlicher Trends und issues, das auch höheren qualitativen Ansprüchen genügt«, rühmt eine deutsche Wirtschaftsgröße. Der Mann hat ja so recht: Issues kann man ins Deutsche einfach nicht übersetzen. Denn es heißt alles zugleich:

Problem, Problematik, Thema, Thematik, Sache, Sachverhalt, Ding, Angelegenheit. Und deshalb ist das Wort der Davos-Konferenz mit ihrer Allzuständigkeit fürs Große und Ganze auch angemessen. Da kommt das Deutsche einfach nicht ran. Schließlich ist das Davos-Programm selbst »breit und tief gestaffelt«, wie die Wirtschaftsgröße mit der ganzen Autorität ihrer Urteilskraft meint. Da paßt eben nur issues, das den Vorteil hat, zugleich Breite und Tiefe auszudrücken. Und so beschleicht uns eine Ahnung, wie es in der großen, weiten Welt der Wirtschaft zugeht: breit, tief und wesentlich. Issue eben. Und wenn Davos einmal die issues ausgehen, dann kann man immer noch Skilaufen.

K

»Zwar wenn keyn anderer nutz an den sprachen were,
sollt doch uns das billich erfrewen …,
das es so eyn edle feyne gabe Gottis ist,
da mit uns … Gott itzt so reichlich fast
uber alle lender heymsucht und begnadet.«

Martin Luther (1483–1546)

Kaffee satt Geschmackvolle Formulierung dafür, daß man zu einem festgesetzten Preis so viel Kaffee trinken darf, bis es zum Herzklabastern reicht. Hier wird dem Deutschsprachigen schmerzlich bewußt, daß es immer noch kein überzeugendes Gegenstück zu »satt« für den gelöschten Durst gibt. Ebenso schmerzlich wird bewußt, daß deutsche Neuschöpfungen bisweilen an Derbheit nicht zu überbieten sind.

Kernkompetenz Das, worauf man sich zurückzieht, wenn man mit geschäftlichen oder sportlichen Erweiterungsplänen auf die Nase gefallen ist, so wie die englische Fußballnationalelf bei der letzten Weltmeisterschaft: »Aber die Rückbesinnung auf die Kernkompetenz dieser Sportart ist vielleicht auch nur folgerichtig, wenn die Hoffnung der Engländer nicht mehr der damals noch makellos-schöne David Beckham ist, sondern Wayne Rooney, der ja eher für schmucklose Effizienz steht als für stilistische Raffinesse« *(Die Welt)*.

Kernkompetenz ist vor allem in der Welt der Wirtschaft ein Zauberwort für Sanierer und Berater. Noch bevor man genau hingeguckt hat, kann man mit der Mahnung, sich auf die Kernkompetenzen oder auch das Kerngeschäft zu konzentrieren, immer heftiges Kopfnicken hervorrufen.

Siehe auch »fokussieren«.

klatschtechnisch Neuschöpfung aus der Schwatzgesellschaft. »Ich denke, Beatrice hätte Geros One-Night-Stand schon gleich am Sonntagmorgen der Boulevardpresse melden können, rein klatschtechnisch gesehen. Dann wäre die Sache am Montag im Blatt gewesen.«

Klischeekruste Tagungsdeutsch. So mancher, der sich seinem eigenen Urteil nach durch große Offenheit auszeichnet, wittert überall dort das Klischee, wo nicht seiner eigenen Vorstellung von Offenheit entsprochen wird. Menschen, die sich als offen empfinden und die dazu noch Soziologen sind, spüren nicht nur allerorten Klischees auf, sondern beobachten, wie Klischees erst gerinnen und dann verkrusten. Das muß appetitlich anzusehen sein! Wenn man dann noch eigenhändig über die Klischeekruste reiben kann, dann hat man als offener Gesellschaftswissenschaftler ein ganz neues Forschungserlebnis.

kommunizieren Eines der Modewörter der politischen Klasse hierzulande. Früher konnten das nur die bekannten Röhren, zur Not noch Katholiken in der Kirche. Heute kommunizieren Landräte, Pressesprecher und Ministerpräsidenten. Und zwar nicht miteinander, wie die Röhren, sondern mehr von innen nach außen: »Ulrich Wilhelm wird die Politik der künftigen Bundeskanzlerin Angela Merkel kommunizieren.«

Weil »kommunizieren« seiner Wortherkunft zum Trotz heute eher als Einbahnstraße angelegt ist, werden unangenehme Dinge lieber kommuniziert als mitgeteilt. Man nutzt dabei die echte Bedeutung (miteinander reden), gebraucht das Wort jedoch im Sinne von »mitteilen« und hofft, daß es keiner merkt. »Noch wissen die Spitzenkräfte der Berliner

CDU allerdings nicht, wie sie das Offenhalten der Spitzenkandidatenfrage gegenüber der Parteibasis kommunizieren sollen, ohne öffentlich Prügel für vermeintliche Unfähigkeit bei der Lösung dieses Personalproblems einstecken zu müssen.«

Auch Herr und Hund kommunizieren inzwischen miteinander. Wie meinte kürzlich der Verband für das deutsche Hundewesen (VdH)? Herrchen und Frauchen müssen besser lernen, wie sie »mit einem Hund kommunizieren können«. Wau!

Kompetenzteam Schattenkabinette und Beraterkreise heißen heute Kompetenzteam. Meist sind die Mitglieder des Teams allerdings zerstritten, und auch über die Kompetenzen der Mitglieder gehen die Meinungen im Team auseinander. Und zwar in jenem doppelten Sinne, den »Kompetenz« in sich birgt: sowohl was die Zuständigkeit als auch was die Fähigkeiten anbelangt. Erfahrungsgemäß ist die wichtigste Kompetenz von Mitgliedern eines Kompetenzteams die politische Überlebenskompetenz. Erweist sie sich als schwach, schaut das übrige Team gern interessiert zu. So viel Anteilnahme muß sein.

»Kompetenzteam« läßt Raum für weitere Imponierwörter aus Bausteinen wie Kompetenz, Effizienz und Exzellenz auf der einen und Team, Kreis, Klub und Zentrum auf der anderen Seite. Vielleicht überrascht uns eine andere Partei zur nächsten Bundestagswahl aber auch einmal mit einem Autoritätskonzil?

Kompetenz- und Qualitätsaufwuchs Ein Begriff aus der Welt der Spitzenleistungen, die verläßlich und regelmäßig nur die Beratungsfirmen bieten. Sie wissen aus eigener Erfahrung – denn sie haben nur Spitzenkräfte –, daß jedes Unternehmen Kompetenz- und Qualitätsaufwuchs betreiben muß. Der Aufwuchs verdient den Namen erst, wenn er das Zeug hat, zum Nachwuchs zu werden.

Das Züchten des Aufwuchses beginnt nicht erst beim Hospitanten. Es beginnt pränatal. Nur wer begreift, daß lebenslängliches Lernen bereits pränatale Bildungsanstrengung bedeutet, hat die Herausforderungen an den künftigen Aufwuchs als Voraussetzung für den Nachwuchs verstanden.

komplex Komplex ist in unserer durchorganisierten Welt inzwischen fast alles. Was einst allerhöchstens ein wenig kompliziert war, kommt heute komplex daher und ist nur von Menschen zu beherrschen, die selbst zur Bewältigung größtmöglicher Komplexität imstande sind. So wie wir Deutschen gern jede Frage zum Problem ummünzen, so sehen wir in jeder Schwierigkeit gleich eine unentwirrbare Komplexität.

Komplexe Dinge können nicht mehr von Menschen wie du und ich bearbeitet werden – da müssen Experten ran, Fachleute, ja *Fachexperten.* Da Experten aber rasch zunehmen, muß auch die Nachfrage angekurbelt werden. Auch deshalb haben wir es vermehrt mit »hochkomplexen«, gar »höchstkomplexen« Sachverhalten zu tun.

können Politikberaterdeutsch. »Wir müssen die internationalen Beziehungen können.« Da liegen sie also vor uns, die internationalen Beziehungen. Wir nähern uns ihnen, selbstbewußt, weil bestens ausgebildet durch »case studies« (Profis sagen kurz »cases«). Wir blättern sie einmal durch, diese Beziehungen, wir fassen sie in ein paar bullit points zusammen, wir machen einen Diskurs mit anderen fellows darüber. Und dann können wir die internationalen Beziehungen. Nur die nationalen Beziehungen, die können wir nicht so gut. »Können« wird hier wie ein Vollverb gebraucht, also nicht wie ein Hilfsverb (ich kann schwimmen). Da bieten sich auch die anderen Hilfsverben als Vollverben an: Wir müssen die internationalen Beziehungen sollen, wollen, dürfen.

körpernahe Tätigkeiten In einer zunehmend akademisch geprägten Berufswelt tut man sich schwer mit Hämmern, Nageln, Graben, Schweißen. Deshalb ist auch die körperliche Arbeit eher etwas, das mit einer gewissen Distanz betrachtet wird: als unzeitgemäße Plackerei in der Schmuddelzone. Voller Rücksicht auf diese des modernen Menschen anscheinend unwürdige Betätigung hat man nun die körperliche Arbeit durch körpernahe Tätigkeit ersetzt.

konstruktiver Austausch Bildet nach dem »aufeinander zugehen« und dem »eine gemeinsame Sprache finden« (siehe dort) die dritte Phase der modernen Diskurskultur. Ganz gleich, wie sehr man sich gestritten hat und wie weit die Auffassungen auseinandergehen, es fand immer »ein konstruktiver Austausch« statt.

Hat man schon einmal von einem destruktiven Austausch gehört?

Siehe auch »ausdiskutieren«.

Konzept Für die Konzepte gab es früher das Konzeptpapier. Heute sind Konzepte etwas Edles. Ohne ein Konzept wird man nicht einmal mehr stellvertretender Vorsitzender des Kaninchenzüchtervereins.

Siehe auch »Philosophie«.

Kultur des Niedergangs Dieses Wort kann es nur in wirklich entwickelten Hochkulturen wie der unsrigen geben. Wer kann sich sonst schon eine Kultur des Niedergangs leisten? Nur derjenige, der von hoher Warte die schweißtreibende Unkultur des Aufstiegs geringzuschätzen weiß.

Siehe auch »Adventskultur«.

L

»Wie viele Trugschlüsse und Irrtümer gehen auf Kosten der Wörter und ihrer unsicheren oder mißverstandenen Bedeutung.«

John Locke (1632–1704)

Latte macchiato Schickimickideutsch für einen dünnen Milchkaffee. Wovon es viele Arten gibt, wie selbst Leute wissen, die nicht in Wien geboren sind. Aber wer würde sich das trübe Modegetränk bestellen, wenn er wüßte, daß es »Schmutzigmilch« bedeutet? Dieselben Zeitgenossen, die lieber Pasta als Nudeln essen und denen der Grauburgunder besser schmeckt, seitdem er Pinot Grigio heißt.

Lebenswert Ein vom Beiwort »lebenswert« abgeleitetes Hauptwort: der Lebenswert. Immerhin eine deutsche Wortschöpfung. Doch bringt sie Neues? Als Lebenswert gilt die eigene Familie, das heimatliche Stadtviertel oder die gemütliche Eckkneipe. Bislang nannte man das Lebensqualität.

Leitplanken Verhinderten bislang das Abgleiten unseres Autos in den Straßengraben. Sollen aber in Zukunft, so Thomas Baumann, der neue Chefredakteur der ARD, auch das Abgleiten unserer Gedanken bremsen. Baumann will durch »Erklärstücke« in der Tagesschau Politik besser verständlich machen, will »Leitplanken und Orientierungsmarken« bieten. »Mit anderen Worten, Baumann will die ARD zum Verkehrssender umbauen« *(Die Welt)*.

leveragen Sprich: leweritschen. Bedeutet die Wirkungserhöhung von Investitionen durch die Aufnahme von Fremdkapital. Leweritschen tut man heute allerdings nicht nur eigene Finanzmittel, sondern alles, was man durch eine Hebelwirkung im übertragenen Sinne (leverage, engl. = Hebel) verstärken will. »Wir müssen den gesellschaftlichen Impact unserer Projekte durch Eigenverantwortung der Betroffenen leveragen.«

Siehe auch »performance«.

Lohndumping Findet immer dann statt, wenn ein slowakischer Bauarbeiter, der zu Hause drei Euro die Stunde verdient, in Deutschland sechs Euro die Stunde bekommt.

Lösungen Gab es früher für mathematische Gleichungen und für Schachprobleme. Heute werden wir auch dort mit Lösungen behelligt, wo wir gar keine Probleme haben, aber haben sollten, damit wir die Lösungen auch brauchen: »Unsere PSP Partner werden COTS Produkte für die ODMs entwickeln, die damit anwendungsfertige Lösungen für die NEPs auf den Markt bringen.«

Die noch nicht anwendungsfertigen Lösungen sind dagegen für die DEPs.

Siehe auch »eine Lösung finden«.

Lösungsraum Im landläufigen Verständnis soll ein Berater Lösungen finden, die seinem Auftraggeber nicht einfallen. Aber das fällt auch Beratern schwer. Außerdem sind konkrete Lösungen gefährlich. Man kann daran gemessen werden, ob sie ihren Namen verdienen. Geschickter ist es da, sich zum Moderator eines Prozesses zu machen, bei dem keine Lösungen, wohl aber Lösungsräume identifiziert werden, und zwar am besten gleich von den Kunden selbst. In solchen Räumen soll sich der Kunde dann zurechtfinden: Ja wo ist sie denn, die Lösung? In der rechten Ecke oder in der linken? Und wie groß ist er denn, der Lösungsraum? Klein oder groß? Wenn dann der Kunde verzagt, kommt der Berater und hält die suchende Hand seines Schützlings. Aber finden muß der Kunde die Lösung schon selbst, im schönen neuen Lösungsraum.

M

»Wer nich verständlick spreckt, mot lyden,
dat het dann de Leser nich verstaht,
und düdet als he kan.«

Georg Christoph Lichtenberg (1742–1797)

Mailverkehr Hatten Sie heute schon Mailverkehr? Täglicher Mailverkehr dient dem routinierten Umgang mit den neuen Medien. Auch für die Kontaktpflege mit Ihrem Mailpartner ist rascher, ja unverzüglicher Mailverkehr dienlich. Mailverkehr muß nicht raffiniert sein. Er braucht kein Vorspiel. Bei ihm gilt: sofort, zu jeder Zeit und ohne große Förmlichkeit. Er paßt deshalb gut in unsere Zeit, ebenso wie seine Grußformel, »Hallo« (siehe dort) oder »guten Tag«. Noch besser paßt seine Abschiedsformel: »MfG.«

mainstreamen Bedeutet das Unterordnen eigenständiger Gedanken, Verhaltensweisen und Produkte unter eine verbindliche Unternehmensstrategie. Zu anderen Zeiten sagte man auch Gleichschaltung dazu.

Siehe auch »Gender-Mainstreaming«.

Marktbegleiter Modische Beschönigungsformel für »Konkurrent«. Nur zu ärgerlich, daß der, der einen über weite Strecken fast schon partnerschaftlich »begleitet«, urplötzlich auf der Standspur an einem vorbeizieht und selbst das Geschäft macht.

Siehe auch »verpartnern«.

Master of Education Was einst der Lehrer war, wird bald schon der Master of Education sein. So stellen sich Reformer den Abschluß des Lehramtsstudiums vor. Im Zuge der

Bachelor- und Masterstudiengänge ist das konsequent. Den Lehrkräften wird es vielleicht sogar recht sein, nicht mehr mit »Herr Lehrer« oder »Frau Lehrerin«, sondern mit »Master of Education« angesprochen zu werden.

Wo bleibt eigentlich die Mistress of Education? Da sollten sich unsere Gleichstellungsbeauftragten mal drum kümmern.

Meinungsbildungsprozeß In einer Zeit der Unübersichtlichkeit legt man sich auch an führender Stelle ungern bezüglich der Ergebnisse fest. Da kommt es einem wohl zupaß, daß derzeit ohnehin das prozeßorientierte Denken hoch im Kurs steht. Ergebnisorientierung gilt statt dessen als starr und dem modernen Ideal der Flexibilität nicht angemessen. »Wenn man sieht, welche unterschiedlichen Ansichten in der SPD über die Ausbildungsplatzabgabe geäußert werden, wird deutlich, daß der Meinungsbildungsprozeß in Volksparteien immer auch ein Stück weit ausgetragen werden muß« (Angela Merkel).

Weitere beliebte Prozesse, die in modernen Volksparteien, aber auch anderswo ausgetragen werden müssen, sind der Veränderungsprozeß, der Aufklärungsprozeß, der politische Prozeß und der demographische Alterungsprozeß.

mentale Modelle blockieren Mentale Modelle haben immer die anderen. Noch dazu haben sie falsche mentale Modelle; solche, die der Zeit nicht angepaßt sind. Modelle haben sie deshalb, weil sie sie wiederum von anderen übernommen haben. Zu eigenen Gedanken sind sie ohnehin nicht fähig. Und deshalb muß er dastehen, in Stein gemeißelt, dieser Satz, zweifelsfrei, unverrückbar, einfach stark: »Mentale Modelle blockieren.«

So stark kann nur ein deutscher Hauptsatz sein. Wagt jemand Einspruch? Muß nicht im Vergleich mit diesem Starkdeutschsatz jeder Zweifel kleinmütig, kleinkariert, verzagt, verzärtelt daherkommen? Nein, Widerstand ist zwecklos. Ach, ist da doch noch jemand, der noch eine Frage hat? Wie? Was ein mentales Modell sei? Ob Blockade manchmal vielleicht auch berechtigt sei? Wie denn das mentale Modell des Redners beschaffen sei? Aber wer da fragt, der ist ja mit seiner zweiflerischen Art gerade der Beweis für die Wahrheit des starken Satzes: ein mentaler Blockierer eben, der nicht anders kann als zu blockieren, weil seine schädliche Haltung nicht einmal seinem eigenen Willen entspringt, sondern nur die Kopie eines Modells ist. Wenn statt dessen alle nur so wollten wie der Redner, dann wäre Deutschland nicht verloren.

Siehe auch »Blockaden aufheben«.

Migrationshintergrund Verbrämungsfloskel. Zwar hat unser Land rund sieben Millionen Einwanderer, also Menschen, die als Fremde nach Deutschland gekommen sind und hierbleiben. Aber auch 40 Jahre nach der ersten Gastarbeitergeneration ist unsere politische Klasse noch immer nicht bereit, von Einwanderung zu sprechen. Wem Einwanderung zu endgültig ist, dem bietet sich im Deutschen immer noch Zuwanderung an. Aber der Migrationshintergrund ist genauso verquast wie die unentschiedene Haltung zur Einwanderungsgesellschaft, die Deutschland tatsächlich schon lange ist.

Militärintellektuelle Eine neue Gattung von Theoretikern mit übergreifendem geistigem Anspruch; in der Folge des zweiten Irakkriegs sind sie vor allem in den USA ins

Rampenlicht getreten. Nach dem Militärgeistlichen ist der Militärintellektuelle die politikwissenschaftliche Variante moderner geistiger Orientierung für die eher körperbetonten militärischen Tätigkeiten.

Siehe auch »Gewaltschriftsteller«.

ministerielles Silodenken Wie man in Getreidespeichern und Gärfutterbehältern wohl so denkt? Ob die doch herben Gerüche den Strom der Gedanken eher anregen oder beeinträchtigen? Starke Geruchsentfaltung gilt gemeinhin nicht als Katalysator von Geistesblitzen. Oder ist die Lage in Berlin so desolat, daß man sich lieber gleich auf den Stallgeruch statt auf eigenständiges und klares Denken verläßt?

Modulautoren Sprich: Modul-Autoren. Modulautoren sind Angehörige der schreibenden Zunft, die nicht mehr, wie früher üblich, sogenannte Ganztexte – also zusammenhängende größere Texte, ja ganze Bücher – schreiben. Vielmehr schreiben sie nur noch Module, also kleine, unterscheidbare Teiltexte, von deren Gesamtmenge sich der Herausgeber gleichwohl ein zusammenhängendes Ganzes erhofft – meist vergeblich.

Modulautoren passen in die Häppchenkultur der Zeit. Das Modul ist übrigens kein tibetanisches Bergtier, wie man meinen könnte, sondern ein Zauberwort aus der Technik, das sich unerschrocken von seinen Ursprüngen losgesagt hat und nun vor allem in Bildungsbürokratien Karriere macht.

multiples Einstellungshemmnis Eine Wortschöpfung des Hamburger Senats; sie beschreibt die vielfältigen Gründe, warum manche Arbeitsuchende nur schwer eine Anstellung finden. Aber so klar will man es nicht sagen. Fast schon wie ein Krankheitsbild wirkt das multiple Einstellungshemmnis. Sehr ermutigend für den Einstellungsgehemmten.

Siehe auch »Pisa«.

Münsterlandisierung Ausgehend vom Erfolg des münsterländischen Regionalmarketings träumen mutige westfälische Visionäre von der Münsterlandisierung der Republik. Ob allerdings die Republik von der Münsterlandisierung träumt, ist zweifelhaft.

Siehe auch »Aldisierung«.

Mut Ein altes Wort in politikdeutscher Verdünnung. »Wenn die Politik den Mut besitzt, die anstehenden Aufgaben schlüssig anzugehen und zu lösen, wird das Vertrauen in die Zukunftsfähigkeit der Politik wachsen.« Diese Lehrformel kann nicht falsch sein. Das macht ihre inhaltliche Leere aus. Worin aber besteht denn der Mut? Welche Maßnahme wäre mutig? Warum wäre diese mutige Maßnahme besser als jene umsichtige? Das alles sagt uns der Redner nicht, darauf spekulierend, daß wir mit dem Kopf nicken und das Nachfragen unterlassen.

mutieren Ein neues Wort, das man nicht spricht, nur schreibt. Wer würde freiwillig und ohne Bezahlung sagen: »Mein Dackel ist zu einer Bestie mutiert«? Kaum nimmt aber der deutsche Diplomwichtigtuer den Griffel in die Hand, entstehen neuerdings Sätze wie »Ostsee mutiert zur Wüste«, »Model mutiert zum Monster«, »DAX mutiert zum Krebs«, »Werbung mutiert zur Unterhaltung«, »FDP mutiert zur Spaßpartei« oder »Ich-AG mutiert zur Wir-AG«.

Was bedeutet mutieren? Nichts anderes als »werden«. Aber warum verständlich, wenn es auch unverständlich geht.

Siehe auch »titeln«.

N

»Jede Sprache ist der Organisation,
der Lage, dem Genie und
Charakter der Nation,
von welcher sie gebildet worden ist,
angemessen.«

Christoph Martin Wieland (1733–1813)

nachhaltig Dieses früher unauffällige Beiwort macht in den Jahren Null Karriere. Bislang kam es allenfalls bei einem nachhaltigen Gelage vor, worunter man noch am nächsten Tag zu leiden hatte. Heute ist »nachhaltig« etwas Gutes und klebt als Qualitätsausweis an allem, was einen Qualitätsausweis benötigt, von der Beschäftigungs-, Haushalts- und Landwirtschaftspolitik über die wirtschaftliche Dynamik bis zum Pflege-, Verkehrs- und Mobilitätssystem – das Wort hat das Potential, »sozial« und »ökologisch« als Allzweck-Gutvokabel abzulösen.

Entstanden ist es aus der »Nachhaltigkeit«, die viele für eine Übersetzung der englischen »sustainability« halten. So kann man das in der 15. Auflage der Brockhaus Enzyklopädie von 1998 lesen. In Wahrheit ist aber umgekehrt die »sustainability« die englische Übersetzung der im 18. Jahrhundert von dem deutschen Forstwirt Carl von Carlowitz geprägten Nachhaltigkeit: Carlowitz hatte dieses Kunstwort zur Beschreibung seiner Methode zur Bewirtschaftung der Wälder erfunden, und über lange Jahre ist seine Erfindung aus ebendiesen Wäldern nicht hinausgekommen. Bis dann das für eine emotionale Aufwertung unabdingbare Andokken an das Englische geschah und die deutschen Wurzeln ausgeblendet wurden.

Siehe auch »ökologisch-demokratisch«.

nach Kongo Nachrichtendeutsch. Beim Deutschlernen lernt der Ausländer, daß es Länder mit und ohne Artikel gibt: Deutschland (ohne) und der Iran, der Irak, der Libanon, der Kongo (mit). Der Ausländer lernt dann, daß man zwar nach Deutschland fährt, aber in den Kongo. Das ist auch gar nicht so schwer. Nur für den einen oder anderen Journalisten ist es schwer. Deshalb schreibt er: »Solana reist nach Kongo.«

Ist das wirklich zu schwer für den Journalisten? Eigentlich nicht. Wahrscheinlich will er eher modern sein. Schließlich heißt es bei CNN doch auch »in Iraq« oder »in Iran«. Aber dann sollte man auch konsequent sein und den Artikel bei Staaten, Regionen und Landschaften abschaffen. Dann heißt es einfach: Wir fahren nach Sauerland.

neo Eine immer noch wirksame Killervorsilbe zum Ausdruck konsensgesicherter Verachtung. Beliebt ist die Formel des Neoliberalen, während bei neuen Kommunisten nur von Postkommunisten die Rede ist. Ungerecht.

Neuanfang Gibt es auch alte Anfänge? Ein »Neuanfang« folgt in der Regel dem »neu erfinden« und ist eher ein zweiter Versuch, also ein weiterer Hinweis darauf, daß zuvor etwas gewaltig schiefgelaufen ist: Nach dem Irakkrieg stehe das Land vor einem vollständigen Neuanfang, schreibt ein Zeitungskommentator und meint: Das Land beginnt wieder bei Null. Auch Titelzeilen wie »Venedig plant den Neuanfang« (der *Stern* über die ins Abseits geratenen Filmfestspiele) oder »Neuanfang bei den deutschen Großbanken« (die *NZZ* nach sieben Magerjahren) übertragen die Zweitbotschaft einer zunächst falschen Strategie. Ja, selbst die Heimat der Edlen und Guten könnte, so meint das ZDF, einen Kurswechsel vertragen: »Die USA brauchen einen Neuanfang.«

Neuanfänge sind in aller Regel hoffnungsvoll. Das zeigen auch immer wieder unsere nationalen Fußballspieler. Was steht in der Zeitung, wenn sie nach gelegentlicher Pause wieder einmal gegen elf ausländische Balltreter gewinnen? »Hoffnungsvoller Neuanfang.«

neue Ernsthaftigkeit Der Nachfolger der alten Ernsthaftigkeit. Wurde den Deutschen im Herbst 2001 vom Trendforscher Matthias Horx, dem Orakel von Hamburg, verordnet. Er stand damit nicht allein. Nun müsse mit der Spaßgesellschaft Schluß sein, war allenthalben zu lesen. So erhoben, wie der Zeigefinger war, so chancenlos war die Mahnung.

neu erfinden Damit meint man heute unter Wirtschaftsleuten: »Wir müssen unsere Firma völlig umkrempeln.« So wie die Deutsche Telekom. »Die Art und Weise, wie wir dem Kunden gegenübertreten, muß sich grundlegend ändern, damit wir unsere Ziele erreichen« (Konzernchef Kai-Uwe Ricke). Und deshalb, so sein Vorstandskollege Walter Raizner, »müssen [wir] uns neu erfinden«.

Sich neu erfinden hat aber auch etwas Psychotherapeutisches an sich. Und so verrät die Aufforderung der Konzernspitze auch eine gewisse Ratlosigkeit. Wirtschaftsleute sollten nicht das Unbewußte beschwören, sondern ihren Betrieb vernünftig steuern.

neues Denken Modische Formel für allerlei »ganzheitliche« Ansätze, die das zusammenrühren, was die Wissenschaften in mühsamer Arbeit auseinanderzuhalten gelehrt haben. Dabei liegt die Betonung auf neu, weniger auf Denken. »Es ist Zeit für neues Denken«, stellte ein Chemieunternehmen fest. Ob es die Grundlagen der Chemie nun mit ostasiatischer Philosophie paaren will? »Man muß neu denken«, mahnt ein Energiedienstleister. Sollen hier Elektrotechnik und Physik mit der Psychoanalyse kombiniert werden?

nicht unbegrenzt zufrieden Litotes nennt man die rhetorische Figur der Verneinung des Gegenteils (zum Beispiel »nicht schlecht«). Durch die indirekte Aussage, durch den Umweg über die Verneinung des Gegenteils, den der Sprecher nimmt, erzeugt sie eine gewisse, oft auch ironische, Distanz zum bewerteten Gegenstand oder Sachverhalt. Verneint wird dabei gewöhnlich das Gegenteil vom Guten, also nicht schlecht, nicht unattraktiv.

Bei »nicht unbegrenzt zufrieden« ist aber »begrenzt« selbst negativ, seine Verneinung daher positiv. Deshalb muß nun auch wieder unbegrenzt verneint werden. Anstatt schlicht zu sagen, er sei nur begrenzt zufrieden, sagt es der Sprecher durch eine doppelte Verneinung. Aber bis wir verstanden haben, was er sagen wollte, ist er längst woanders. Wahrscheinlich wollte er eigentlich gar nicht sagen, daß er unzufrieden ist, wollte aber auch nicht, daß man ihm vorwerfen könnte, er habe es nicht gesagt.

nicht wirklich Früher hätte das jeder als das Gegenteil von wirklich verstanden: »Der Mann da mit dem langen Bart ist nicht wirklich der Nikolaus.« Heute kommt diese Wortfolge in veränderter Bedeutung, aber beängstigender Häufigkeit vor allem solchen Zeitgenossen über die Lippen, die einen auch mit »willkommen zurück« begrüßen und die mit

»nicht wirklich«, indem sie die Floskel immer da verwenden, wo der Engländer »not really« sagt, gewisse Grundkenntnisse in Fremdsprachen glauben beweisen zu müssen.

Gemeint ist in den meisten Fällen einfach »eher nicht«, aber dieser deutsche Ausdruck scheint heutzutage auszusterben.

Siehe auch »einmal mehr«.

Night Manager So heißt heute in besseren deutschen Hotels der Nachtportier. Wie im »Grand Hotel Russischer Hof« in Weimar.

Nordic Walking Was so ein Anglizismus nicht alles bewirkt! Kann man Gehen am Stock als modische Sportart verkaufen? Nein. »Ich gehe am Stock« bedeutet ja, daß es einem besonders schlecht geht. Aber mit einem Namen aus einer Sprache, welche die meisten Nordic Walker nicht verstehen, läßt sich hierzulande selbst das Sitzen im stillen Örtchen (oval sitting) noch als Abenteuer vermarkten.

Null-Toleranz-Prinzip Eine tolle Idee unserer aufmerksamen Polizei: Wer gegen Regeln verstößt, wird bestraft. Wieso ist eigentlich niemand schon vorher auf diese Idee gekommen?

Siehe auch »dezentrales Kriminalitätsaufkommen«.

O

»Das Schlimmste an der Sache ist, daß allgemach
eine junge Generation heranwächst, welche,
da sie stets nur das neueste liest, schon kein anderes
Deutsch mehr kennt als diesen verrenkten Jargon
des impotenten Zeitalters, welches sich ein Gewerbe
daraus macht, die deutsche Sprache zu demolieren.«

Arthur Schopenhauer (1788–1860)

ökologisch-demokratisch Superlativ von demokratisch: demokratisch, demokratischer, ökologisch-demokratisch.

Siehe auch »sozial gerecht«.

Ökonomisierung Modischer Kampfbegriff von Zeitgenossen, denen die Vertreibung aus dem Paradies mental erst noch bevorsteht. Seit dem folgenschweren Biß in den Apfel gehen die Wünsche der Menschen über die verfügbaren Mittel hinaus. Wie verteilen wir das Ganze? Die Gegner der Ökonomisierung meinen, sie selber könnten das am besten. Die Freunde der Ökonomisierung meinen: Wer mehr leistet, bekommt auch mehr. Das Dilemma erkannte schon Winston Churchill und faßte es in folgende Worte: »Dem Kapitalismus wohnt ein Laster inne: die ungleiche Verteilung der Güter. Dem Sozialismus dagegen wohnt eine Tugend inne: die gleichmäßige Verteilung des Elends.«

olympischer Spirit Das ist nicht etwa, wie man meinen könnte, eine besonders bei Sportlern beliebte Whiskymarke. So hieß vielmehr bei den deutschen Sportreportern der Geist der Winterspiele in Turin.

Zuvor war der olympische Spirit als leibhaftige Frau in Leipzig unterwegs: »Sie ist von Kopf bis Fuß auf Silber eingestellt. Wenn Janet Pilz in ihren hautengen, glänzenden Einteiler schlüpft und ihre grüngrauen Augen mit einer modisch-sportlichen Sonnenbrille verdeckt, zieht die Leipzigerin als olympischer Spirit allerorten die Menschen magisch an« *(Leipziger Volkszeitung)*. Offensichtlich reichte die Magie des Spirits nicht, denn Leipzig schied bei der Auswahl der Olympiastadt für das Jahr 2012 schon in der Vorrunde aus.

Inzwischen fühlt sich der olympische Spirit auch in Lederhosen wohl: »Olympischer Spirit und ungewöhnliche Aktivitäten bringen Spaß pur für jung und alt«, verkündet ein Werbeblatt aus Oberbayern. Ob der »Spirit« dem Gründer der Olympischen Spiele, Pierre de Coubertin, gefallen hätte? Damals hieß es immerhin noch »Esprit«.

operativ Managerdeutsch. Lange kam dieses Wort in Deutschland vor allem im Zusammenhang mit Blinddärmen vor (operative Eingriffe). In den Jahren Null bekommen diese operativen Eingriffe Gesellschaft: durch operative Herausforderungen (siehe unten), durch operative Geschäfte und durch operative Vizepräsidenten. Die Firma Merrill Lynch International zum Beispiel hat einen »operativen Vizepräsidenten«, der aber nicht dem Werksarzt hilft, sondern dafür sorgt, daß die Operationen an den Börsen funktionieren. »Aber seit wir wissen, daß auch operative Vizepräsidenten nur etwa so viele Gene haben wie die gewöhnliche Feldmaus und gerade mal doppelt so viele wie eine Fruchtfliege, wundert uns gar nichts mehr« (Max Behland in der *Financial Times Deutschland*).

Siehe auch »proaktiv«.

operative Herausforderungen Umschreibung für »unvorhergesehene, aber selbstverschuldete Probleme«. Dient vor allem modernen Wirtschaftsführern gern als Nebelkerze. »Natürlich lief in den vergangenen fünf Jahren nicht alles glatt«, gab DaimlerChrysler-Chef Jürgen Schrempp kurz vor seinem vorzeitigen Abgang zu Protokoll. So hatte etwa der Börsenwert seiner Firma in dieser Zeit um 20 Milliarden Euro abgenommen, das entspricht dem jährlichen Sozialprodukt von Luxemburg.

Aber was ist schon das Sozialprodukt von Luxemburg! »Es gibt immer operative Herausforderungen«, so Schrempp, »und diese haben wir alle bewältigt.« Und zwar operativ!

Siehe auch »Prioritäten setzen«.

Outing Dieses Wort hat in den Jahren Null sowohl einen Bedeutungswandel als auch einen bemerkenswerten Gebrauchszuwachs erfahren. Eigentlich bedeutet es einen Ausflug ins Grüne, gern auch mit Picknick. Aber heute meint man damit meistens etwas anderes, so wie bei »Arnies Anabolika-Outing« (die *Oberösterreichischen Nachrichten* zum Drogenmißbrauch Arnold Schwarzeneggers) oder wie bei »Promis outen sich: ja, wir sind magersüchtig«. Das Outen ist einer der wenigen Wirtschaftszweige, der in Deutschland noch wächst. Das sollte die Wirtschaftsförderer auf den Plan rufen.

Das Gegenteil von Outing ist das Inning. Damit ist aber nicht ein dringend nötiges In-sich-Gehen, sondern einen Spielabschnitt beim Baseball gemeint.

Outsourcing Modische Managerverbrämung für »sich um etwas nicht mehr selber kümmern wollen« beziehungsweise schlicht »auslagern«, wie es vor allem in der öffentlichen Verwaltung und im Wirtschaftsleben heute üblich ist.

Warum ist outsourcen beliebter als auslagern oder ausgründen? An der Kürze kann es nicht liegen. Auch nicht an der Verständlichkeit. Da bleiben nur zwei Erklärungen übrig: Outsourcen hat eine so schöne Schriftform. So viele

Vokale auf einmal lesen sich einfach gut! Zweite Erklärung: Freunde des flexiblen Denkens begrüßen bestimmt die zwei möglichen Formen der vollendeten Vergangenheit: outgesourct oder geoutsourct. Im Deutschen muß man statt dessen lernen, daß es ausgelagert heißt, und nicht geauslagert. Lästig!

P

»Es ist keineswegs gleichgültig,
wie man die Sachen nennt ...
Der Name schon bringt eine
Auffassungstendenz mit sich,
kann glücklich treffen oder in die Irre führen.
Er legt sich wie Schleier
oder Fessel um die Dinge.«

Karl Jaspers (1883–1963)

Paketlösung Lösungen kommen neuerdings gern in Paketen daher. Die Entwaffnung der Hisbollah müsse Teil einer »Paketlösung« sein, sagt der libanesische Innenminister im deutschen Fernsehen. Zwecks Beendigung des Ärztestreiks planen die Bundesländer eine »Paketlösung mit dem öffentlichen Dienst«. Im Streit um den Chefposten der Kreditanstalt für Wiederaufbau trifft sich der Koalitionsausschuß. »Daß es dabei um eine Paketlösung gehen wird, ist klar« *(Die Welt)*.

Warum sagt man nicht wie früher: »Wir schließen einen Kompromiß?«

Siehe auch »aufeinander zugehen«.

Pakt für Deutschland Der vorläufig letzte, inzwischen wieder eingemottete Versuch, auch noch Vereinbarungen zu Toilettentemperaturen in der Werkskantine als faustisches Großprojekt zu vermarkten.

Nicht zu verwechseln mit »packt für Deutschland«, dem geheimen Firmenmotto des Versandkaufhauses Quelle.

Siehe auch »Innovationspakt«.

Paradigmenwechsel Soziologendeutsch. Der »Paradigmenwechsel« wurde von dem amerikanischen Wissenschaftsphilosophen Thomas Kuhn Mitte des letzten Jahrhunderts als Begriff für den vollständigen Umsturz eines Weltbilds eingeführt: Wenn etwa Kopernikus und Kepler zu der Einsicht kommen, die Erde sei nicht Mittelpunkt des Universums, sondern ein gewöhnlicher Trabant der Sonne, dann ist das ein Paradigmenwechsel. Ein Paradigmenwechsel ist es auch, daß die Erde nicht am 21. Oktober 4004 vor Christus um 9 Uhr morgens (so der englische Theologe John Lightfoot noch vor weniger als 300 Jahren), sondern knappe vier Milliarden Jahre vorher erschaffen worden ist oder daß wir Menschen nicht aus Lehm gezeugt wurden, sondern uns aus Affen fortentwickelt haben.

Heute aber wird aus jeder Anpassung der Ladenöffnungszeiten gleich ein Paradigmenwechsel. Zur Zeit erleben wir Paradigmenwechsel auch noch in der Bildungs-, Energie-, Einwanderungs- und Innovationspolitik, in der Behindertenpädagogik, im betrieblichen Rechnungswesen, in der Dialysetherapie, im EU-Kartellrecht, im Gesundheitswesen, in der Hochschulfinanzierung, in der modernen Malerei und in der Softwareentwicklung. Und nicht zuletzt natürlich »im Stadtgefühl«, wie Frau Dr.-Ing. Irene Wiese von Ofen uns in *DiskursKommunal* erklärt.

Oder meinte sie etwa »Stadtgewühl«?

parkähnlich Maklerdeutsch. Parkähnlich ist etwa ein Grundstück von 300 Quadratmetern in steiler Hanglage mit vertrocknetem Rhododendronbewuchs. Wirklich parkähnlich dürften dagegen die Investitionen sein, die in das unwirtliche Stückchen Erde gesteckt werden müßten, bevor man dort überhaupt einen Fuß vor den anderen setzen kann.

Siehe auch »Toplage«.

peace box Die Anglisierung hat inzwischen auch das Jenseits erreicht. »Peace box« nennen deutsche Totengräber heute den guten alten Sarg. Wenn auch nur die Billigausführung aus Pappe. »Der ökologische Faltsarg, aus einem Stück gefertigt; und mit wissenschaftlich nachgewiesenen Umweltqualitäten. Er besteht zu 60 Prozent aus chlorfrei recyceltem Altpapier und nur zu 40 Prozent neuem Zellstoff. Seine aufgedämpfte Holzstruktur wirkt zugleich als wasserabweisende Imprägnierung. Verwendet werden nur Leime aus rein pflanzlichen Bestandteilen. Die separate Innenwanne ist absolut wasserdicht. Gegenüber dem klassischen Vollholzsarg zeichnet er sich durch sein geringes Eigengewicht (12 Kilo) und seine Belastbarkeit von 200 Kilogramm aus. Hinzu kommt ein Minimum an Lagerplatz. Auf nur vier Quadratmetern lassen sich problemlos 150 Särge unterbringen.« (http://www.postmortal.de/Redaktion/Pappsarg/pappsarg.html).

Nicht zu verwechseln mit piece box = Abfalleimer.

Siehe auch »funeral master«.

Performance Dollardeutsch für »Leistung«. Ist besonders in unseren Leitmedien jeden Tag und ständig kritisch zu überprüfen: »Gerade weil wir journalistische Schrittmacher und Marktführer sind«, vernehmen wir aus einer Chefetage, »werden wir sehr genau und kritisch beobachtet. Und deshalb müssen wir uns selbst und unsere Performance jeden Tag kritisch überprüfen.«

Ist der sogenannten Leistungsgesellschaft die Leistung nicht mehr gut genug? Muß sie durch einen Begriff aus dem Bankenjargon ersetzt werden, weil jener sich in Geld messen läßt? Was ist denn mit den vielen wahren Leistungen, die nicht mit Geld zu bezahlen sind?

Die Steigerung der Performance ist die Outperformance. Ein Outperformer performt, wie schon der Name sagt, die anderen aus. Bei Olympischen Spielen gibt es dafür Goldmedaillen, bei Investmentbanken einen dicken Weihnachtsbonus.

Das Gegenteil der Outperformance ist nicht die Inperformance, sondern die Underperformance.

Personalabbau Beschönigungsdeutsch. Zu Zeiten Konrad Adenauers und Ludwig Erhards wurden vor allem Erz und Kohle abgebaut, in den Jahren Null dagegen mehr das »Personal«. Die Deutsche Telekom, auch German Telecom genannt, hat etwa seit 1995 über 100 000 Stellen abgebaut. Da beruhigt es doch das Gewissen, wenn man die vielen Einzelschicksale hinter dem kollektiven Neutrum »Personal« verstecken kann.

Pfandkonsens Der Begriff »Pfandkonsens« versinnbildlicht den Weg, den die Grünen zurücklegen mußten, um vom hohen Ziel der ökologisch-demokratischen Umgestaltung in die Niederungen der Verhandlungsdemokratie vorzudringen.

Siehe auch »Fehlwurfquote«.

Pflanzenethik Leider hatten Algen und Gräser in unseren Parlamenten bisher keine Lobby. Das soll nach dem Willen der Schweizer Biologin Florianne Koechlin anders werden. Sie hat sich zum Ziel gesetzt, daß die »Eidgenössische Ethikkommission für die Biotechnologie im Außerhumanbereich« jetzt auch die Würde von Zwiebelknollen und Gummibäumen schützt.

Siehe auch »Ethikmanagment«.

Philosophie Was einst Grundsätze oder Ziele waren, heißt heute Philosophie. So kommt auch der Sport zu höheren geistigen Weihen: »Bei Bayern muß man den Titel holen, das ist die Philosophie« (Otmar Hitzfeld). Oder Oliver Bierhoff auf den Einwand von Reporter Gerhard Delling, er dächte, das Rückpaßspiel der deutschen Mannschaft hätte aufgehört: »Ja, das ist ja auch nicht unsere Philosophie.«

Warum steht der Begriff der Philosophie so hoch im Kurs, daß sich Vertreter aller möglichen Branchen heute damit schmücken? Ist der von Immanuel Kant erträumte »Ausgang aus selbstverschuldeter Unmündigkeit« endlich vollbracht? Leider nein. Gerade die extreme geistige Oberflächlichkeit treibt die Zeitgenossen zur Jagd nach Hochwertwörtern. Die Technik: Man höhlt den hochwertigen Begriff erst inhaltlich aus und nimmt ihn dann in Besitz. Es wird schon von seinem früheren Glanz etwas auf die schlichten Gedanken abfallen, zu denen man selbst fähig ist. »Meine Philosophie: ich berate die Kunden so, wie ich selbst gern beraten werden möchte« (ein Anlageberater), »Firmenphilosophie – Hohe Ansprüche an Qualität und Service« (Ralph's VW-Teile). Da fragt man sich: Wie kann man heute ohne Philosophie noch überleben? Strenggenommen gehört das in den Personalausweis. Name: Meier, Beruf: Hausmeister, Philosophie: läßt nach Mitternacht keinen mehr ins Treppenhaus.

Auch Fußballschiedsrichter sind heute Philosophen. Ein Traumspiel, das er unbedingt leiten möchte, habe er nicht, vertraute der deutsche FIFA-Schiedsrichter Florian Meyer der *Hannoverschen Allgemeinen Zeitung* an. Er freue sich über jede Partie, die er leiten dürfe. »Das ist meine Philosophie, seit ich Schiedsrichter bin.«

Pisa Bis 2001 eine Stadt in der Toskana. Ab 2001 steht Pisa für alles, was an unserem Schulsystem nicht stimmt, mit dem angenehmen Nebeneffekt, daß man über die Einzelheiten nicht mehr nachzudenken braucht.

Stammtischbruder 1: »Heute hatten wir einen Lehrling, der glaubt, zwei mal zwei ist fünf.«

Stammtischbruder 2: »Ja, ja, Pisa.«

Siehe auch »multiples Einstellungshemmnis.«

Planungskulturen Wer anders plant als andere, braucht dies heutzutage nicht mehr schlicht auf seine Vorlieben zurückzuführen, nein: Er oder sie unterliegt eben einer anderen Planungskultur. Auf diese Weise entsteht ein neuer Pluralismus des Planens und der Kulturen – und eine weitere Aushöhlung des Begriffs der Kultur.

Siehe auch »Entfeindungskultur«.

Plattform Politberaterdeutsch. Wer Denkfabriken und ähnliche Zusammenschlüsse von Superhirnen errichtet, kommt manchmal leider nicht umhin zu sagen, was er beabsichtigt. Das will und kann er aber nicht, denn es geht ihm vor allem darum, daß seine vollständige Gedanken- und Zweckfreiheit von anderen bezahlt wird. Tagungen, Networking und Memoranden brauchen schließlich die Freiheit des Denkens – bitte auch in angemessenen Tagungsräumen mit Getränken und Gebäck – und kosten deshalb Geld.

Wenn man also nicht sagen will, was man konkret zu tun gedenkt, dann bietet sich eine Plattform an. Etwa zum Austausch von Information und Erfahrung. Und wenn nun doch danach gefragt wird, was dabei herauskommen soll? Nun, eine Plattform ist immer experimentell und deshalb zwangsläufig ergebnisoffen. Wer skeptisch bleibt, der tröste sich damit, daß im Begriff Plattform bereits *platt* enthalten ist.

Siehe auch »Startrampe«.

Politiken In politikwissenschaftlichen Kreisen ist es schick geworden, Politik in der Mehrzahl zu verwenden, obwohl es ein Begriff ist, der korrekt nur in der Einzahl gebraucht werden darf. Wer im Deutschen von Besteuerungspolitiken oder von Außenpolitiken spricht, meint unterschiedliche Politikinhalte oder Politikstile, aber er sagt es eben so, wie man es im Plastikdeutschen sagen muß: wolkig und rätselumflort.

Siehe auch »Aktivitäten«.

Positionspapier Aus der Seefahrt kennt man die Positionslampen: Man will zeigen, wo man steht. Gerade das will man mit den meisten Positionspapieren, die uns in den Jahren Null aus politischen Parteien, Gewerkschaften und Fachverbänden überschwemmen, aber nicht. Denn wer eine klare Position bezieht, kann auch festgenagelt werden. Das aber ist ein entscheidender Nachteil in Zeiten rasch wechselnder Allianzen.

positive Bilanz Politikerdeutsch zur Verbrämung enttäuschter Erwartungen, wie in »die Bush-Regierung zog eine positive Bilanz des Irakkriegs«. Wenn man zudem selbst an das Gesagte glaubt, heißt die Bilanz »rundum positiv«: »Union und SPD ziehen anläßlich der ersten 100 Tage ihres Regierungsbündnisses eine rundum positive Bilanz« *(Die Welt)*.

Richtige Bilanzen sind dagegen weder positiv noch negativ, sondern immer ausgeglichen.

postadoleszent *Spiegel*-Deutsch zur Beschreibung von Menschen ab dem Erwachsenenalter.

Postliberalisierung Nicht etwa die Epoche nach der Liberalisierung im Sinne der Postmoderne, sondern die Liberalisierung der Post.

Prioritäten setzen Modisches Hohldeutsch für »eins nach dem anderen und das Wichtigste zuerst«, also eine an sich ganz gute Sache. Wenn etwa Angela Merkel fordert: »Es sind wieder Prioritäten zu setzen«, dann können wir nur zustimmen. Vor allem, wenn es »klare Prioritäten« sind. Oder noch besser: »strategisch-inhaltliche Prioritäten«. Oder am allerbesten: »klare strategisch-inhaltliche Prioritäten.«

Das Schwierige an den Prioritäten wird aber durch das schlichte Setzen derselben nicht ausgeräumt: nämlich die Notwendigkeit, das Wichtige vom Dringlichen zu unterscheiden. Oft ist Dringliches unwichtig, muß aber trotzdem erledigt werden (das macht ja gerade seine Dringlichkeit aus). Dadurch behindert das dringliche Unwichtige die Behandlung des Wichtigen. Dessen Nichtbehandlung macht es dann aber auch dringlich. Und so behindern sich Dringliches und Wichtiges, bis man davon träumt, endlich mit der Faust auf den Tisch zu hauen und Prioritäten zu setzen. Es ist der Traum von der befreienden Tat in der komplexen Welt.

Berater versuchen gern, der Entweder-oder-Entscheidung auszuweichen, und haben dafür das Wort »priorisieren« erfunden. Man nimmt eine gewisse Menge von Angelegenheiten und priorisiert sie. Man bringt sie also in eine Abfolge der Behandlung. Das klingt vernünftig und handhabbar. Leider ändert es nichts am Dilemma vom Wichtigen und Dringlichen. Das merkt man aber erst, wenn man sich selbst ans Priorisieren macht.

proaktiv Dieses dem englischen »proactive« nachempfundene Beiwort dient deutschen Meistern der Busineßadministration neuerdings als Ausweis besonders aktiver Tätigkeit. Aktiv werden heißt: Man tut etwas. Proaktiv werden heißt: Man tut etwas ganz Besonderes, etwas, das nur Absolventen von Business Schools tun können: »Die Aareal-Bank geht proaktiv auf die BaFin zu«, lesen wir in der *Welt* und denken: Alle Achtung! In dieser Welt rastloser Proaktivisten können wir nur am Rande stehen und eingeschüchtert den markigen Worten lauschen: »Nur wenn die Produktpolitik stimmt und das Management proaktiv agiert, ist eine Outperformance zu erwarten.«

Strenggenommen heißt proaktiv: etwas von sich aus, aus eigenem Antrieb tun. Das heißt aber auch das herkömmliche aktiv – eben gerade im Gegensatz zu reaktiv. Bei proaktiven Waschmitteln oder proaktiven Babywindeln entspringt das pro dagegen der Absicht der Übertreibung – man leimt einem positiv besetzten Wort zur Steigerung ein zweites positiv besetztes an.

Problempatriotismus Da muß man schon etwas nachdenken im Land der Dichter und Denker, ob man die Landesfahne bei der WM nach vorne zur Straße oder nach hinten zum Garten aus dem Fenster hängt – allzu aufdringlich sollte der Patriotismus nun auch wieder nicht daherkommen.

Das Gegenteil vom Problempatriotismus ist der Hurrapatriotismus. Und mittendrin steckt der Normalpatriotismus; er ist weltweit normal – nur nicht in unserem Land.

programmatische Erneuerung Modische Umschreibung für kleinere Schönheitsoperationen bei politischen Parteien. Nach der letzten echten programmatischen Erneuerung einer deutschen Volkspartei, dem Godesberger Programm der SPD, wird heute jede Kommaverschiebung als programmatische Erneuerung verkauft. Wolfgang Schäuble, so lesen wir in der *Welt*, habe »eine programmatische Erneuerung in den Bereichen Familien-, Sozial- und Bildungspolitik vorangetrieben«. Nur ist davon kaum etwas zu sehen. Und nach dem Machtverlust 2005 »wird es sicherlich eine programmatische Erneuerung bei den Grünen geben«. Auch diesen Worten ist bisher nicht viel gefolgt.

Siehe auch »Inhalte«.

Projekt Das modische Überhandnehmen dieses früher eher seltenen Wortes ist eine Folge der Computerisierung des modernen Lebens. Denn elektronische Rechenmaschinen sind darauf programmiert, daß die zu lösenden Aufgaben wohlsortiert in Päckchen ankommen. Das hat sich auf große Teile von Wirtschaft, Wissenschaft und Alltag übertragen. Unser Tun und Lassen zergliedert sich zunehmend in Projekte, sei es die Einigung Europas, die feindliche Übernahme eines Fernsehsenders oder die Besserstellung von kinderreichen Familien: »49 Prozent der Unions-Wähler halten dieses Projekt für einen Ansatz zur Entscheidung zugunsten eines Kindes«, schreibt die Berliner *Welt*, »47 Prozent widersprechen dem.«

Selbst die Rettung des Universums ist heute ein Projekt. Und nicht zu vergessen natürlich das Projekt Rot-Grün.

Projektvorhaben Ein Projekt ist ein Vorhaben. Da das Projekt kaum noch als sprachliche Hülle, sondern bereits als Tat mißverstanden und überhöht wird, muß es durch seine deutsche Entsprechung »Vorhaben« gewissermaßen wieder geerdet werden. Ähnlich wie beim »Fachexperten« entsteht dabei eine hübsche Doppelung.

Proletarisierung Das Ergebnis der Diktatur des Proletariats. Zumindest sieht das der brandenburgische Innenminister Jörg Schönbohm so.

Diese Diagnose gefiel vor allem denjenigen nicht, die selbst einmal für die Diktatur des Proletariats waren. Warum aber hatten und haben sie etwas gegen die Proletarisierung? Was ist daran beleidigend für jemanden, der selbst einmal für die Diktatur des Proletariats einstand? Oder ist es etwa unanständig, ein Proletarier zu sein?

Vielleicht liegen die Empörungen daran, daß man Proletarier und Prolet verwechselt. Harte Arbeit in Stahl und Kohle, Blaumann, Henkelmann und Schicht – das ist des Proletariers Schicksal und Würde. Ballermann 6 aber und sich die Kante geben – das ist der Prolet. Den mag man im Osten nicht.

public leadership Ja, das hätten sie gern, unsere Politikberater: die public leadership, also eine Mischung aus Meinungsführerschaft und Macht. Aber so genau wollen sie es uns gar nicht sagen. Denn dann könnten wir fragen, was sie denn zu diesem Anspruch berechtigt. Etwa Wahlen mit echtem Wahlkampf? Nein, so haben das die Möchtegern-Meinungsführer nun auch nicht gemeint. Über ihren Anspruch reden sie lieber bei Konferenzgebäck hinter abgeschlossenen Türen unter ihresgleichen. Also melden sie ihren Anspruch lieber in unklarem Englisch an. Das versteht ohnehin nur ihresgleichen. Und darum geht es auch letztlich: Man bleibt lieber unter sich.

public private partnership Politikberater-Deutsch. Bedeutete ursprünglich eine vertraglich geregelte Zusammenarbeit zwischen Staat und privaten Anbietern. Mittlerweile hat der Begriff aber vor allem in der politischen Diskussion eine Ausweitung erfahren und ist zu einer positiven Bezeichnung für das Zurücknehmen des Staates insgesamt geworden. Er verkörpert das gewünschte Eindringen privatwirtschaftlichen Denkens und Handelns auch in hoheitlich staatliche Aufgabenbereiche. Man erhofft sich dadurch größere Wirtschaftlichkeit und Wirksamkeit im Staat, durchaus auch bei Aufgaben im Strafvollzug oder in der Bildungsversorgung. Damit das möglichst niemand versteht, sagt man statt »öffentlich-private Partnerschaft« lieber »public private partnership«, kurz »PPP«, gesprochen »pipipi«.

Q

»Der Mensch ist nur Mensch durch Sprache.«

Wilhelm von Humboldt (1767–1835)

qualitatives Wachstum Wachstum ist eigentlich ein Begriff, der sich auf Mengen bezieht. In einer Zeit, in der wirtschaftlich vor allem Nullwachstum oder gar Minuswachstum zu verzeichnen ist, gerät das Wachstum zu einem Fetisch. Wenn man schon kein quantitatives Wachstum verzeichnen kann, muß man wenigstens die Fähigkeit entwickeln, darin ein qualitatives Wachstum auszumachen. Klasse statt Masse – das tröstet.

qualitativ hochwertig Die aktuelle Hochkonjunktur von hochwertig ist die Rückseite von Geiz-ist-geil – Ramsch für wenig Geld kauft jeder, Befriedigung verschafft das Ganze nur, wenn die für zehn Euro erstandene Rolex auch wirklich hochwertig ist. Oder gar qualitativ hochwertig, wie man neuerdings oft in der Werbung liest.

Qualitätspakt Beschönigungsdeutsch für Knebelverträge verschiedener deutscher Wissenschaftsminister mit ihren Universitäten. Damit die Damen und Herren Professoren zumindest nach außen gleiche Augenhöhe markieren können, wird deren Unterwerfung als Pakt unter Gleichgestellten vermarktet.

Weitere Ergebnisse der in den Jahren Null geradezu entfesselt grassierenden Paktiererei sind der nordrhein-westfälische Innovationspakt (siehe dort; nicht zu verwechseln mit dem »Pakt für Forschung und Innovation«, einer Vereinbarung von Bund und Ländern), der Thüringer Pakt für Ausbildung, der Nationale Ausbildungspakt, der Pakt gegen den Atomausstieg und der von Christian Wulff geforderte »nationale Entschuldungspakt«. Demnach sollen bei Verstößen gegen die Maastricht-Kriterien künftig auch die Bundesländer an den Strafzahlungen beteiligt werden. Da dürfen wir gespannt sein, was Wulffs Kollege Klaus Wowereit, der in Berlin die bundesweit höchste Pro-Kopf-Verschuldung zu verwalten hat, dazu sagt.

Siehe auch »Pakt für Deutschland«.

Quantensprung Physikalische Analphabeten halten das für etwas ganz Großes, deshalb verwenden sie das Wort mit wachsender Begeisterung: »Maastricht war ein Quantensprung«, meinte Theo Waigel. Das Internet verpaßt der Ahnenforschung einen Quantensprung. Die neue Stuttgarter Kulturmeile ist ein »Quantensprung zur Stadtreparatur«. Der Zuwachs von 200 Flügen ist ein »echter Quantensprung für die Luft-Drehscheibe München«. Der Deutsche Fußballbund erwartet nach der Weltmeisterschaft einen Quantensprung in der Mitgliederzahl. Die Hamburger Handelskammer begrüßt die ICE-Verbindung nach Berlin, »einen wirklichen Quantensprung würde aber erst eine Euro-Rapid-Strecke zwischen beiden Metropolen bedeuten«. Und Eon-Chef Ulrich Hartmann zur Fusion mit einem französischen Stromanbieter: »Mit Suez scheint der Quantensprung in kontinentaler Dimension zu gelingen.«

In Wahrheit springt ein Quant, wenn es denn springt, ungefähr den millionsten Teil eines Zentimeters weit. Unter »kontinentalen Dimensionen« stellt man sich etwas anderes vor.

Siehe auch »Paradigmenwechsel«.

Quartals-Irrer Formel, welche die Notwendigkeit zeitlicher Flexibilität in den Bereich der Beleidigung überträgt. Mögliche Erweiterung: Ganzjahres-Irrer.

Siehe auch »Ganzjahrestomate«.

R

»Schreibt ihr Plattheiten und Unsinn in die Welt,
so viel es euch beliebt, das schadet nicht,
denn es wird mit euch zu Grabe getragen;
ja, schon vorher.
Aber die Sprache laßt ungehudelt und unbesudelt:
denn die bleibt.«

Arthur Schopenhauer (1788–1860)

reagibel Feuilletondeutsch. »Die Struktur der auswärtigen Kulturarbeit insgesamt wird reagibler«, heißt es zur Arbeit eines deutschen Kulturinstituts. Im Klartext: Die Angebote werden verringert. Allerdings wirft die Begründung durch die angeblich höhere Reaktionsschnelligkeit ein schlechtes Licht auf die Arbeit des besagten Instituts. Wenn sie sich großer Beliebtheit erfreute, dann müßte die Reaktion ja eher in der Zunahme des Angebots als in seiner Verringerung bestehen. So wird das verringerte Angebot eigentlich uneingestanden mit verringerter Beliebtheit begründet. Na, dann macht es ja nichts, daß es weniger wird.

Reale-Welt-Kenntnis Managerdeutsch. Junge, globalisierte Eliten, welche die Welt vor allem aus klinisch sauberen Theoriemodellen kennen, brauchen auch Reale-Welt-Kenntnis. So lautet die Einsicht erfahrener Ausbilder an den Kaderschmieden des modernen Kapitalismus. Aber wie soll man sich der realen Welt nähern, wenn man sich mit ihr immer nur theoretisch befaßt hat? Durch ein Praktikum als Lagerist bei Aldi? Durch ein Volontariat beim Kreiswehrersatzamt? Nein, da muß es schon ein Internship sein, am besten als Trainee bei der Weltbank oder bei der WTO. Denn zu real soll die Welt nun auch wieder nicht sein.

realisieren Das war schon immer ein häßliches Wort, hatte aber früher zumindest nur eine einzige Bedeutung: etwas verwirklichen. Wenn wir dagegen heute hören: »Kaum hatte er den Tempoblitzer realisiert, da trat er auch schon auf die Bremse«, ist in aller Regel gemeint: Kaum hatte er das Ding gesehen.

Warum nicht ganz auf dieses Wort verzichten? Werden wir das jemals realisieren?

Siehe auch »einmal mehr«.

Reformstau Eines der wenigen Wörter, in denen die ungeliebte Reform noch überlebt. Vermutlich aus klammheimlicher Freude an ebendiesem Stau. Denn vielen Bundesbürgern ist nach drei Jahrzehnten Reformlyrik die Lust daran fürs erste vergangen. Wer heute etwas verändern will, spricht scheinbar technisch von der Innovation. Innovation ist in der Sprache der Politik die Reform, bei der man sich nicht traut, sie als politisches Vorhaben zu kennzeichnen.

Relaunch Modischer Schickimicki-Ersatz für eine Umgestaltung oder einen zweiten Versuch. »Sie will der Schröder-Show Substanz entgegensetzen, sie fügt sich in ein Team ein, sie wagt einen zarten Relaunch ihres Äußeren«, schreibt die *Hannoversche Allgemeine Zeitung* über Angela Merkel.

Weniger sprachbegabte Zeitgenossen denken bei Relaunch eher an einen Wiederkäuer oder an Wildbret zum Mittagessen. Sie gehören auch zu jenen, die Launch wie Lounge aussprechen, was in ihren eigenen Kreisen als das Peinlichste überhaupt gilt. Korrektes Denglisch ist eben Herrschaftswissen.

Siehe auch »Neuanfang«.

respektlose Kreativität Moderne Bewunderungsformel zur Kennzeichnung der Werke von Kunst- und Kulturschaffenden. Warum eigentlich soll Kreativität keinen Respekt vor dem haben dürfen, was vorher geschaffen wurde? Gibt es zum Beispiel Kreativität ohne handwerkliches Können, welches sich aus Traditionen herleitet? So stellt sich Klein-Hänschen Pablo Picasso vor. Mit den Mühen der Kunst hat das wenig zu tun. Auch nicht mit der Sorgfalt des sprachlichen Ausdrucks.

Rückbaupolitik Beschönigungsdeutsch für Abriß. Was für die deutschen Wirtschaftswunderzeiten die Aufbaupolitik, ist für die Jahre Null die Rückbaupolitik. Im Ruhrgebiet seien bis zu 13 Prozent des Wohnraums ungenutzt, meldet der Verband der deutschen Wohnungsbauunternehmen. In Herne, das binnen zehn Jahren voraussichtlich rund 12 000 Einwohner verlieren werde, müßten jährlich bis zu 270 Wohnungen abgerissen werden, wenn der Markt stabil gehalten werden sollte.

Wieso abreißen? Rückbauen!

Siehe auch »Abwanderungszone«.

ruhige Hand Steht für das Wunschbild einer resoluten und unbeirrbaren Politik in turbulenter Umgebung. Allerdings reicht die Hand, die sich auch einmal zur Faust ballt und auf den Tisch schlägt, wozu »Basta!« gerufen wird, zum Regieren heutzutage nicht mehr aus.

Siehe auch »durchregieren«.

S

»Die Menschen glauben,
daß ihr Geist dem Worte gebiete;
aber oft kehren die Worte ihre Kraft
gegen den Geist um.«

Francis Bacon (1561–1626)

Salmonellen-Monitoring Neuschöpfung aus der Welt der Gesundheitspolitik. Man sieht sie förmlich ins Land ausschwärmen, die rastlosen staatlichen Späher mit ihren mobilen Spähstationen, stets auf der Suche nach appetitlichem Kleingetier. Wöchentlich tauschen sie ihre Monitoring-Ergebnisse in Monitoring-Meetings aus, und einmal im Jahr gibt es ein »Gipfeltreffen Salmonellen-Monitoring« (in Fachkreisen einfach als »Salmonellen-Gipfel« bekannt), wo Moniteure und Wissenschaftler zu einem interdisziplinären Austausch zusammenkommen, wahrscheinlich unter der Schirmherrschaft der Gesundheitsministerin.

Sanitärobjekte Beschönigungsdeutsch für Klobürsten, Wasserhähne, Duschköpfe und Handtuchhalter. Nennt man diese Dinge aber »Sanitärobjekte«, entsteht schon in kleinstem Rahmen ein modernes Erlebnisbad: »Dabei kann auch aus einem kleinen Raum durch den Einsatz spezieller Sanitärobjekte ein modernes Erlebnisbad entstehen« (aus *Haus und Markt – das aktuelle Hausbesitzer-Magazin*).

Aber was sind nun »wandhängende Sanitärobjekte«? An die Wand geleimte Toilettenschüsseln?

Siehe auch »Wohnzimmertechnik«.

Schlußlicht Lieblingsformel der in unserem Land so gefragten Propheten des Untergangs. Erst dann laufen sie nämlich zur Höchstform auf, wenn sie wieder einmal triumphierend nachweisen können, daß Deutschland Schlußlicht ist, egal in welcher Disziplin. Gern proklamieren die Propheten des Untergangs diese Erkenntnis auch vor ausländischen Gästen, weil sie sich dann so richtig kompromißlos und couragiert zeigen können. (Ausländische Gäste verstehen derartige Selbstbezichtigungen allerdings gar nicht. Sie sind eher peinlich berührt.) Und wenn das mit dem Schlußlicht nicht so ganz stimmt, weil Deutschland vielleicht einen Mittelplatz einnimmt – ja, wer wird denn alles wörtlich nehmen? Man muß doch auch einmal den Mut zur überspitzten Darstellung haben!

Schnittmenge Dieses Wort verdankt seine aktuelle Hochkonjunktur dem Mathematikunterricht der 70er Jahre. Die damals in der vierten Klasse mit Mengenlehre traktierten Schüler haben inzwischen wenn nicht Mathematik, so doch Lesen und Schreiben gelernt und geben den vermutlich einzigen im Gedächtnis verbliebenen mathematischen Fachbegriff mit Wonne weiter. Wie etwa Ministerpräsident Günther Oettinger in Stuttgart: »Es gibt eine überwiegende Schnittmenge mit der FDP, die uns zur Fortführung der Regierung veranlaßt.« Oder Hamburgs Justizsenator Carsten Lüdemann: »Wenn es um Inhalte geht, gibt es eine große Schnittmenge mit meinem Amtsvorgänger.«

Selbst das Kino bleibt vor dem Mengenverschnitt nicht verschont. »Vivian Naefe verfilmt *Die wilden Hühner*«, lesen wir in der *Welt*. »*Die wilden Hühner* hat rein gar nichts mit dem Film *Die wilden Kerle* zu tun. Das liegt in der Natur der Sache, denn anders als in den siebziger Jahren geht eine Generation später die Schnittmenge der Leserschaft aus Hühnern und Kerlen auseinander.«

Schocksanierung Was man braucht, wenn eine normale Sanierung nicht mehr greift. Deshalb ist dieses Wort auch zuerst im Kontext der deutschen Wirtschaftspolitik gesichtet worden. Weitere mögliche Kombinationen mit Schock: Schockschließungen, Schockstreichungen, Schockerpolitik.

Schritt nach vorn Die Steigerungsform des Schritts in die richtige Richtung – sofern vorn nicht der Abgrund ist. Vor allem die Mitglieder der politischen Klasse machen gern wenn nicht große Schritte, so doch einen Schritt nach vorn.

Bei Betrachtung aller Schritte nach vorn, die in den letzten Jahrzehnten getan worden sind, fragt man sich, ob nicht ein Schritt nach hinten zuweilen besser wäre.

Siehe auch »positive Bilanz«.

Schwager Der Schwager hat durch die Rot-Grün-Regierung eine bemerkenswerte Bedeutungserweiterung erfahren. Studenten der Sprachwissenschaft lernten bislang, daß die Frau der Schwester und der Mann des Bruders nicht als eigenständige Bezeichnung gegeben sind, da sie in der Wirklichkeit nicht als Phänomen vorkämen, obwohl sie rein logisch denkbar wären (sogenannte semantische Lücken). So nachzulesen beim Linguistikpapst John Lyons.

Hier irrt nun der Philologe. Rot-Grün macht es mit der Homo-Ehe möglich. Das führt allerdings zu einer verwirrenden Mehrdeutigkeit des Begriffs des »Schwagers«, der es an Bedeutungsvielfalt sowieso schon in sich hat. Allein vom Mann aus gesehen ist der Schwager der Mann seiner Schwester oder der Bruder seiner Frau (ein ziemlicher Unterschied). Nun aber gilt: Der Schwager ist aus der Sicht des Mannes: der Bruder der Frau, der Mann der Schwester oder der Mann des Bruders oder der Bruder seines eigenen Ehemannes. Gleiches gilt mit entsprechendem Seitenwechsel für die Schwägerin. Ziemlich verwirrend. Aber sachlich vollständig ist das Bedeutungsfeld von »Schwager« jetzt.

schwarze Null Das ist nicht etwa ein dezent gekleideter Vorstandsvorsitzender auf der Bilanzpressekonferenz, der mit vielen, vorzugsweise englischen Wörtern wissen läßt, daß es wieder keinen Gewinn gegeben habe, sondern ebendieser Gewinn. Der ist zwar nicht vorhanden, also null, aber »diese Null wird der desinteressierten Öffentlichkeit dargereicht, als handele es sich um ein Erfolgserlebnis und nicht um das Schwarze Loch, in dem die Gewinne verschwunden sind, mit denen die Aktionäre schon fest gerechnet hatten« (Max Behland in der *Financial Times Deutschland*).

Siehe auch »Gewinnwarnung«.

seine Hausaufgaben mehr als machen Ein Volk von Musterschülern und Oberlehrern hat naturgemäß eine intime Beziehung zu Hausaufgaben. Vor allem in der Politik lautet daher ein beliebter Vorwurf, der Gegner habe seine Hausaufgaben nicht gemacht. Bislang antwortete der Angegriffene entrüstet: Doch, er habe seine Hausaufgaben sehr wohl gemacht! Das klang trotzig und defensiv. Deshalb erfand der bayerische Umweltminister Werner Schnappauf die passende Antwort: Er habe seine Hausaufgaben »mehr als gemacht«.

Was heißt das? Daß er mehr Hausaufgaben als die aufgegebenen gemacht hat? Das meinte er zwar, aber er sagte etwas anderes, eher in dem Sinne: daß er seine Hausaufgaben nicht nur gemacht hat, daß er es aber beim schlichten Machen nicht belassen habe. Nein, er hat sie vielmehr geradezu inszeniert, zelebriert. Es ist ein Florett, das der wackere

Bayer unerwartet seinen Kritikern entgegenschleudert. Nein, mehr als schleudert: schmettert.

sektorübergreifende Vernetzung Neubürokratendeutsch. Vernetzung bedeutet bereits, daß mehrere Bereiche miteinander verbunden werden. Daß eine Vernetzung also Sektoren (das heißt Bereiche, was auch immer das hier bedeuten mag) zusammenschließt oder sie übergreift, ist schlicht doppelt gemoppelt. Aber das merkt man nicht gleich beim ersten Hören. Vielmehr klingt der Ausdruck fachsprachlich, technisch. Er schüchtert ein. Gleichzeitig ist er unglaublich häßlich, im Schriftbild wie im Klang. Innen hohl, außen häßlich – das hat die sektorübergreifende Vernetzung gemein mit der »kooperativen Zusammenarbeit« und anderen wichtigtuerischen Neuschöpfungen dieser Tage.

selbstidentischer Markenkern Nach den Jahren der Selbstfindung und Selbstverwirklichung stehen in den Jahren Null andere Methoden zum Herausfinden der eigenen Identität im Vordergrund. Da ist zum einen das Markenbewußtsein, das insbesondere Heranwachsende ausprägen. Ihm entspricht auf der Seite der Gegenstände der selbstidentische Markenkern, der in der Idealvorstellung der Marketingstrategen eine Festigkeit aufweist, von der Individuen nur träumen können. Der Idealzustand der Persönlichkeitsentwicklung ist aus Marketingsicht erreicht, wenn das Markenbewußtsein der Heranwachsenden zum selbstidentischen Markenkern der Erwachsenen wird.

seniorenleicht Kinderleicht sind Dinge, die so leicht zu verstehen sind, daß sie auch ein kleines Kind verstehen kann. Etwas, das kinderleicht ist, ist dies aus der Sicht des Erwachsenen, der Fähigkeiten und Fertigkeiten ausgebildet hat, welche über die eines Kindes hinausgehen. Erwachsen sind auch ältere Menschen. »Seniorenleicht« legt aber nahe, daß ältere Menschen ähnlich wie Kinder besonders einfach zu verstehende Angebote brauchen, weil sie zur geistigen Leistung eines Erwachsenen nicht mehr fähig sind. Das ist aber nicht der Fall. Was ältere Menschen brauchen, sind zum Beispiel Computerangebote in verständlichem Deutsch, jedoch keinen Jargon – und auch keine Unterschätzung ihrer Fähigkeiten.

signifikant Modisches Angeberdeutsch. Fragen Sie doch mal einen Pressesprecher, der von einer »signifikanten« Steigerung des Firmengewinns spricht, was er damit meint. In der mathematischen Statistik hat das Beiwort »signifikant« eine fest umrissene Bedeutung (die aber selbst von vielen Berufsstatistikern nicht korrekt verstanden wird); im gewöhnlichen Leben meint man damit meistens nur »spürbar« oder »bedeutend«. Da aber längst nicht jede spürbare Veränderung auch bedeutend und längst nicht jede bedeutende Veränderung auch spürbar ist, bleibt die genaue Botschaft oft im dunkeln.

Zuweilen ist das sicher auch gewollt. In den meisten Fällen ist das modische »signifikant« in Wort und Schrift, das sich mit der Verbreitung der mathematischen Statistik in immer mehr Wissenschaften zunehmend auch in die Alltagsprache eingeschlichen hat, aber nur ein selbstgefertigtes Ersatzabitur zweiter Klasse; es soll den Schein erwekken, als hätte man eine Sache wissenschaftlich fest im Griff (oder zumindest irgendwann schon mal davon gehört).

Siehe auch »Philosophie«.

smart Die dollardeutsch veredelte Fassung von »geschäftstüchtig« oder »gerissen«. Moderne Führungskräfte brauchen angeblich die Fähigkeit, smart und schnell zu entscheiden. Es reicht eben nicht mehr, einfach smart auszusehen. Auch die Entscheidung muß eine besonders lässige Form haben. Nur Vorsicht, daß vor lauter Lässigkeit die Entscheidung nicht doch falsch ist. Seit dem Platzen der IT-Blase kann der eine oder andere Smarti davon ein schönes Liedchen singen.

Solidaritätsreserve Soziologendeutsch. Wir treten in eine kalte Welt ein. In dieser Welt ist jeder für sich selbst verantwortlich. Die soziale Sicherung wird »zurückgebaut«. Da machen sich Soziologen Sorgen, ob denn diese neue Gesellschaftsform von »den Menschen« auch akzeptiert wird oder ob es nicht doch einmal zu Unruhen kommt. Um also den Menschen »die Angst vor dem Wandel zu nehmen«, schlagen Soziologen vor, auf eine Solidaritätsreserve zurückzugreifen. Die hat der alte Sozialstaat noch im Gedächtnis der Nachkriegsgeneration hinterlassen, und die kann man »zur Moderierung und Lösung der anstehenden Herausforderungen heranziehen«. Heißt es bald wieder: Hoch die internationale Solidarität?

Siehe auch »Bedarfsgemeinschaft«.

Sommerinterview Gewiß reiste auch vor Jahren schon die Journalistenschar einem früheren Bundeskanzler sommers hinterher, um den Urlaubenden von Mensch zu Mensch über Ernährung und Leibesumfang zu befragen. Doch erst in den Jahren Null ist dieser Verlegenheitsjournalismus auf den Begriff gebracht worden: eben im »Sommerinterview«. Man darf rätseln, welche besonderen Kriterien dem Sommerinterview zugrunde liegen, außer dem, daß es eben während des Sommers geführt wird, um das Sommerloch zu füllen. Wie müßte sich beispielsweise das Herbstinterview vom Sommerinterview unterscheiden? Würden etwa Fragen in Moll gestellt, und würde mit düsteren Prognosen geantwortet? Dürfen wir bald mit dem Frühlings-Talk oder dem Novemberporträt als neuen journalistischen Gattungen rechnen?

Belegt ist die neue journalistische Darstellungsform des »Sommerthemas«. Was wohl? Natürlich die ewige Rechtschreibreform. Sommerthema, Sommerinterview – da fehlt nur noch die Sommerreise der politischen Prominenz. Und siehe da – sie folgt auf dem Fuße. Altkanzler Schröder reiste sommers so erfolgreich, daß sich seiner Nachfolgerin bald schon eine Winterreise anböte. So wie die aus Ostwestfalen stammende »Sommerwurst« (»im Tuche gereift«) eine Alternative ist zum bereits eingeführten Frühlingsquark.

so wenige – so viele »Noch nie hatten so wenige Soldaten so viele Sorgen«, meint eine Abgeordnete des Deutschen Bundestages zu der großen Zahl von über 6000 Eingaben deutscher Soldaten im Jahr 2005. Wie müssen wir das verstehen? Wenn wenige viele Sorgen haben, so ist das nicht gut. Aber wenn es vorher noch nie so wenige waren, die so viele Sorgen hatten, sondern wenn es vorher viele waren, die viele Sorgen hatten: dann wäre es ja vorher viel schlimmer gewesen, oder andersherum: dann wäre gegenüber dem vorherigen Zustand inzwischen eine Besserung eingetreten. Wollte die Abgeordnete also ihre Freude zum Ausdruck bringen, im Sinne von: »Klasse, noch nie hatten wir so wenige, die sich Sorgen machen!«? Nein, das wollte sie wohl nicht, es hätte aber sein können. Die Volksvertreterin hätte deshalb eher sagen sollen: »Wir haben nur noch wenige Soldaten. Aber die haben viele Sorgen.«

soziale Entmischung Seltsam, daß das Bürokratendeutsch, gerade wenn es mit sozialen Angelegenheiten in Berührung kommt, immer noch etwas Erschreckendes an sich hat. Die »soziale Entmischung« mag in Wirklichkeit gar nicht gewollt sein. Aber allein schon der Begriff läßt einen schaudern.

Siehe auch »Außerhumanbereich«.

soziale Verantwortung Eine besonders hochwertige Art der Verantwortung. Eigentlich hätte sie nur Sinn, wenn das Gegenteil sinnvoll gesagt werden könnte (also eine unsoziale Verantwortung). Das geht aber nicht. So bleibt nur ein Nutzen der sozialen Verantwortung übrig: Die Häufigkeit der Appelle an die soziale Verantwortung ist ein guter Indikator für die Wirtschaftskonjunktur. In den Zeiten des Wirtschaftswunders war kaum davon zu hören, in den Jahren Null darf sie in keiner Sonntagsrede fehlen.

sozial gerecht Eine typisch bundesrepublikanische Wortschöpfung der Nachkriegszeit. Gerechtigkeit allein genügt den Wortschöpfern offenbar nicht. Hier kommt die Sucht zur politisch korrekten Übergenauigkeit zum Vorschein. Die Begriffe müssen so lange bearbeitet werden, bis nur ja kein Zweifel mehr besteht, aus welchem politischen Lager sie kommen. Damit sind sie aber auch politisch gefärbt und verhindern eher die sachliche Debatte über den gemeinten Inhalt, als daß sie sie fördern. Das Deutsche mit seiner unendlichen Kombinierbarkeit von Wörtern verleitet hier geradezu zur sprachlichen Übergenauigkeit. Statt eines klaren, neuen Begriffs entstehen spießig und bürokratisch klingende Ungetüme. Statt sozial gerecht hätte auch einfach »gerecht« gereicht oder aber die Trennung der beiden Wörter in zwei Botschaften: sozial und gerecht.

Siehe auch »ökologisch-demokratisch«.

sozial schwach Politisch korrektes Beschönigungsdeutsch für arm. In Deutschland sind alle Menschen sozial schwach, die weniger als die Hälfte des Durchschnittseinkommens zur Verfügung haben. So haben unsere Armutsforscher niemals Langeweile: Selbst wenn unter der Lüneburger Heide die größten Ölvorkommen der Welt nachgewiesen würden und die Einkommen aller Bundesbürger auf das Zehnfache der gegenwärtigen anstiegen, der Anteil der Einkommen unter der Hälfte des Durchschnitts wäre der gleiche wie zuvor. Es blieben weiter, so wie aktuell, ein Sechstel aller Deutschen arm.

spannend Im Zeitalter der Erlebnisgesellschaft müssen auch die Dinge des täglichen Lebens höchsten kriminologischen Anforderungen genügen. Früher waren Krimis und Fußballspiele spannend. Heute gibt es spannende Dichterlesungen, Bach-Kantaten oder Sommerschlußverkäufe, ja selbst geographische Gebilde sind heute spannend: »Wenn der italienische Staatspräsident die Olympischen Winterspiele eröffnet, kann sich Turin der Welt als die zur Zeit spannendste Stadt Italiens präsentieren.«

Aber warum bei Städten aufhören? »Ildiko färbt Seide. Sie wohnt in einem umgebauten Heuspeicher, einem lichten, offenen Raum, der zugleich Küche, Werkstatt und Wohnzimmer ist«, erfahren wir in einem Reiseführer. »Wäre sie heute jung, sagt sie, würde sie in die neuen Bundesländer gehen statt nach Italien. Für sie ist Deutschland ein spannendes, lebenswertes Land.«

Spannend, einst eine Wortschöpfung aus dem grün bewegten Lager, hat heute die Welt der Werbetexter, Unternehmensberater und Kulturpolitiker erreicht. Nun darf es vor keinem Hauptwort mehr fehlen, das überhaupt ein Beiwort verträgt: eine spannende Beziehung, ein spannendes Versuchsfeld, ein spannender Chemieunterricht, eine spannende Ausländerpolitik, Radio Sonnenschein – rasch, spannend, informativ; Beethovens Streichquartett – enthusiastisch, differenziert und spannend.

Auch Aufgaben, früher leicht oder schwer, allenfalls noch lösbar oder ungewöhnlich, sind heute eher spannend. »Die hierzulande ambitionierten Radfahrer näher mit den Vereinen zusammenzubringen ist eine spannende Aufgabe«, läßt uns Hobbyradler Rudolf Scharping wissen.

Siehe auch »angesagt«.

Spannungsbreite Weil die Spannweite als Sprachbild wegen übermäßigen Gebrauchs ausgedient hat, haben findige Zeitgenossen jetzt die Spannungsbreite als Ersatz ersonnen: Moderne Romane, lesen wir in Wikipedia, »kosten eine erhebliche Spannungsbreite der Emotionen aus, bevor die Helden ruiniert enden«. Oder: »Die Spannungsbreite dessen, was wissenschaftlich unter Information verstanden wird, zeigt sich deutlich am Beispiel des kulturalistischen Ansatzes.«

Eine mögliche Erweiterung, gerade für die Erlebnisgesellschaft passend: die Entspannungsbreite. Sie mißt die von totaler körperlicher und geistiger Entspannung betroffenen Bereiche unseres Gesellschaftslebens in Zeiten stürmischen Wandels.

ständiger Gastprofessor Ähnlich wie der Club Alleinreisender im Tourismus ist der »ständige Gastprofessor« eine hübsche Neuerung des Wissenschaftsbetriebs. Das muß eine angenehme Stellung sein, die es einem ermöglicht, ständig auf derselben Position zu Gast zu sein! Man genießt auf immer Gastrecht, statt die Unbill eines normalen Beschäftigungsverhältnisses mit all seinen lästigen Verpflichtungen auf sich nehmen zu müssen. Oder auch als ständiger Gastprofessor weltweit auf Reisen: hie ein kleines Seminar für ausgewählte Doktoranden in Sydney, da ein anregendes Kamingespräch mit Habilitanden in Zürich, zwischendurch eine Sommerschule in Aix-en-Provence. Zweifellos: Der ständige Gastprofessor ist ein probates Mittel, um die wissenschaftliche Spitze im Land zu halten.

Standortfaktor Mit dem Niedergang eines Standorts wächst die Bedeutung des Standortfaktors. Zu Zeiten Ludwig Erhards war dieser Ausdruck in Deutschland unbekannt. In den Jahren Null ist er in aller Munde. Wichtige Bestandteile des Standortfaktors sind der Faktor Arbeit (siehe dort) und der Faktor Kapital. Aber auch Wurstsorten können heute Teil des Standortfaktors sein: »Besonders angetan sind viele Gütersloher auch vom kulinarischen Angebot ihrer Stadt«, liest man in einem Stadtprospekt. »Die Currywurst wird in derart vielen Antworten erwähnt und gelobt, daß man sie fast schon als Standortfaktor bezeichnen kann.«

Starpianisten Früher gab es Filmstars, zuweilen unterteilt in normale Stars und Hollywoodstars. Heute gibt es Stars auch bei Köchen, Gästen, Geigern, Dirigenten oder Pianisten. Das erleichtert unseren Gesellschaftsjournalisten die

Berichterstattung: »Staranwalt Bossi mit neuer Begleitung« als Bildunterschrift ersetzt eine ganze Geschichte.

Startrampe Beraterdeutsch. Das Wort ist alt, seine Verwendung neu. Wie nutzt man Startrampen im Beraterdeutsch? Indem man ein Projekt »auf die Startrampe schiebt«. Das soll an startende Raketen denken lassen oder zumindest die Illusion des zupackenden Handelns wecken, wie in »unsere Lösung ist eine Startrampe für intelligente Innovationen«. Deshalb ist die Startrampe vorwiegend auf Tagungen beliebt, auf denen eher nichts geschieht, ähnlich wie die Ausdrücke »etwas eintüten« oder »etwas aufs Gleis schieben«.

Ist der Startende dann aufs Gleis geschoben, so nennt man das auch aufgegleist.

Siehe auch »Plattform« und »aufgleisen«.

Statement Beliebter dollardeutscher Ersatz für die unpräzisen alten Begriffe Rede, Stellungnahme, Meinungsäußerung und Kommentar – damit hält sich ein moderner Meinungsmacher nicht mehr auf. Erst das Statement gibt dem öffentlichen Mundaufmachen die rechte Autorität, hebt den Redner vom Unterschichten-Menschen ab, der einfach seine Meinung sagt.

Staurisiko So wie die Wetternachrichten im Fernsehen in den letzten Jahren durch dramatische Effekte aufgebrezelt worden sind, so ist auch den Staumeldungen im Radiojournalismus eine ganz neue Dynamik verpaßt worden. Aus der »Verkehrsleitzentrale« des jeweiligen Senders werden uns mittlerweile die »aktuellsten Staumeldungen« mit verschiedenen »Staustufen« angedient (nichtaktuelle Meldungen hätten allerdings auch wenig Sinn), und mit nervösem

Grundtemperament in der Stimme verkündet uns der Radiosprecher das derzeitige »Staurisiko« auf der A 7. Es klingt so, als hörten wir den Truppenbericht von der Front des permanenten Autobahnkriegs.

Stellenwert Das Wort kommt aus der Mathematik, deswegen verwenden es mathematische Analphabeten heute konsequent anstelle von »Bedeutung«: Der Stellenwert von Arbeit und Freizeit ist in den USA und Europa unterschiedlich. Meinungsfreiheit, Eigeninitiative und Zivilcourage haben für den russischen Präsidenten Wladimir Putin keinen hohen Stellenwert. Für die deutschen Gasversorger dagegen haben die langfristigen Gasverträge mit Rußland einen herausragenden Stellenwert. Es sei höchste Zeit, mahnt eine Zeitung, daß die Unternehmerfrauen den Stellenwert in Politik und Öffentlichkeit erhalten, den sie verdienen. Und die Latschenkiefer, so lesen wir in einem Lexikon, »und die Verwertung ihrer kleinen kompakten Zapfen haben seit Jahrhunderten großen gesundheitlichen Stellenwert«.

Auch im Sport hat der Stellenwert einen hohen Stellenwert. Der Fußballtrainer Thomas Schaaf zum Beispiel hat sich durch seine Erfolge bei Werder Bremen einen gewissen Stellenwert erarbeitet. Und in Brasilien haben die fünf Weltmeistertitel einen in Deutschland mit Goethe oder Beethoven vergleichbaren Stellenwert.

Mit dem Stellenwert ist es ähnlich wie mit den zwei Standbeinen. Man will mehr sagen, als die Wirklichkeit hergibt. Das rächt sich.

Stellschraube Ähnlich wie der »Knackpunkt« eine Lieblingsvokabel im politischen Verhandlungsbetrieb. Wenn unterschiedliche Interessen aufeinandertreffen und sich

Koalitionen ungeliebter Partner bilden, dann sind die Erklärungen voll von Stellschrauben, an denen zu drehen wäre oder an denen im Gegenteil nicht mehr weiter zu drehen ist.

Die »Stellschraube« gaukelt dem Publikum und den Handelnden selbst vor, es gäbe genau diese Stelle im politischen Gefüge, die durch eine einfache Bewegung handwerklich sauber zu treffen wäre (während in Wirklichkeit meist gleichzeitig an verschiedenen Stellen und in entgegengesetzten Richtungen gedreht, gezerrt und gezogen wird).

strukturell Modisches Hohlwort (wenn nicht die naturwissenschaftliche Bedeutung verwendet wird), das den Schein der Bedeutsamkeit erwecken soll. Immer dann, wenn man nicht genau weiß, was man sagen will, oder wenn man nicht genau sagen will, was man weiß, aber zugleich Eindruck schinden will, bietet sich »strukturell« an. Unsere Gesellschaft sei »strukturell krank«, sagt ein Soziologe. Soll das heißen: schwerkrank, todkrank, chronisch krank? Gemeint war wohl: Sie erzeugt sich ihre Krankheit selbst. Oder: Sie kann gar nicht anders, als krank zu sein. Aber das muß man erst raten.

Meistens sagt das Wort aber überhaupt nichts aus und könnte ohne Schaden weggelassen werden. Die Bundesregierung will nicht nur mehr Geld für deutsches Kino ausgeben, sie will die Filmförderung »strukturell und finanziell verbessern«. Ferner will sie ihre Kulturpolitik nicht nur umkrempeln, sondern »inhaltlich und strukturell neu ausrichten«, natürlich nicht ohne die einschlägigen Projekte für »Migranten und Migrantinnen strukturell [zu] öffnen«.

Die deutsche Wohnungswirtschaft sorgt sich derweil um »Modernisierungszwänge bei strukturell schwierigen Wohnungsbeständen«. Die Technische Universität Berlin will »ihren Standortfaktor strukturell erneuern«. Die Tarifverhandlungen im öffentlichen Dienst sind »strukturell schwierig«. Ausländer, Frauen und Behinderte werden »strukturell diskriminiert«. Das »strukturell-soziale Subsystem der Gesundheitsfördernden Schule« wird als Problem gesehen.

Da ist es beruhigend zu wissen, daß wenigstens unsere Bundeswehr noch »strukturell friedensfähig« ist.

Subventionsabbau Kommt in den Jahren Null so richtig in Fahrt. Flossen im Jahr 2002 noch 235 Millionen Euro in die Mineralölsteuervergünstigung für unsere Bauern, so waren es im Jahr 2003 nur noch 360 Millionen und im Jahr 2004 nur noch 420 Millionen – das ist ein Rückgang der Zuwachsrate in nur drei Jahren von über 60 Prozent!

Siehe auch »Bürokratieabbau«.

sunblind Dollardeutsch für Sonnenblende. Wir betreten ein neues Geschäftsgebäude. Alles ist in englisch ausgeschildert, kein deutsches Wort. Man führt uns in einen Tagungsraum. Dort erwarten uns Tagungstische, Tagungsgetränke, Tagungsgebäck und Tagungstechnik: ein Projektor, ein Rechner und eine Leinwand. Durch die Fenster scheint freundlich die Sonne herein. Der Raum ist hell. Zu hell. Für den Projektor müssen wir die vorderen Fenster abdunkeln. Das kann kein Problem sein, denn die Fenster sind mit einer Jalousie ausgerüstet. Wir nähern uns den elektrischen Schaltern, um den Schalter für die Sonnenblende zu finden. Aber Sonnenblende steht da nicht. Statt dessen steht da: sunblind. Wir drücken auf sunblind. Aber die Sonnenblende rührt sich nicht. Wir werden nervös. Bei der Helligkeit wird man keine einzige Zahl auf der Leinwand erkennen können. Da werden zwei Plakatwände hereingebracht. Auch sie verdecken die hereinscheinende Sonne nicht vollständig. Schließlich ruft man einen Hausmeister und einen Handwerker herbei. In breitem Dialekt fachsimpeln sie kurz und lautstark. Es ist so, als kehrte echtes Leben in den Raum zurück. Der Handwerker verschwindet für fünf Minuten. Und dann geht die Sonnenblende herunter.

Superalte Im Unterschied zu den älteren Arbeitnehmern sind die »Superalten« positiv besetzt. Das Wort bezeichnet jene durchtrainierten, körperbewußten, gleichzeitig internetkundigen, jung gebliebenen Senioren, die heute 15 Stunden Stockwandern absolvieren, morgen zur Treibjagd in Norwegen weilen, dann fünf Tage zum Fasten in die Eifel fahren und nebenbei an einem historischen Roman über General Paul von Lettow-Vorbeck arbeiten, zu dem sie eine Forschergemeinde von weltweit interessierten Internet-Nutzern versammelt haben.

Wie nannte Franz Müntefering die letzte Beschäftigungsinitiative für über Fünfzigjährige? 50 plus. Da können die Superalten nur lachen!

supi Verniedlichungsdeutsch. Nach dem Siegeszug von »super« in den 90er Jahren eignet sich die aktuelle Teeny-Generation (besonders deren weiblicher Teil) den Begriff in der Form von supi an. Diese etwas einfältige Verniedlichung steht im Kontrast zur Gnadenlosigkeit, die auf dem Marktplatz pubertärer geschlechtlicher Anbahnung herrscht.

Supplement Mediendeutscher Ersatz für »Anhang«: »Das monatliche w&v-Daten-Supplement Compact erscheint im August ausnahmsweise in digitaler Form zum Gratis-

Download.« Gratis und in digitaler Form – Donnerwetter, hätte da Opa Fritz gesagt, und supplement!

SWR-3-Land Nachdem in den 90er Jahren verschiedene Warenhäuser das gute alte »Land« in Beschlag genommen haben (Teppichland, Computerland), sind nun Radiosender darauf verfallen, ihren Sendebereich mit neuartigen Länderbezeichnungen auszustatten. Dabei entstehen durchaus Gebiete von eindrucksvoller Ausdehnung. So dürfte SWR-3-Land weitaus größer sein als Baden-Württemberg. Wir gratulieren! Auch dazu, daß der SWR die Mühen einer Landesverwaltung nicht selbst tragen muß, sondern sie kommentieren darf.

Synergieeffekte Beliebte Begründungsformel für allerlei Treffen, Tagungen und Seminare im Berufsleben. Wenn kein unmittelbarer Zweck mit derlei Veranstaltungen zu verbinden ist, bieten sich immer noch zwei modische Vorwände an: Netzwerkbildung und Synergieeffekte. In früheren Jahren hieß das noch »Informations- und Erfahrungsaustausch«.

Synergieeffekte sind auch eine beliebte Beschwörungsformel bei Unternehmenszusammenschlüssen. Sie finden oft ihren Ausdruck in Stellenstreichungen und anschließenden Qualitätseinbrüchen. Zum Beispiel hat die Vereinigung von Daimler-Benz und Chrysler riesige Synergieeffekte erzeugt: In Null Komma nichts hatten die Stuttgarter Autobauer den Qualitätsstandard von Detroit erreicht.

Siehe auch »Bürokratieabbau«.

Szenario Beraterdeutsch und in der Bedeutung von »Szene, Bühnenbild, Regieanweisung« schon lange in Gebrauch. Neu ist die Zweitbedeutung »Annahme über eine künftige Entwicklung«. Heute erstellt man keine Prognosen mehr, man entwirft Szenarios, ob zur Jugendkriminalität, zum Ozonloch, zur globalen Erderwärmung oder zur Entwicklung eines Stromversorgungsunternehmens – wer heute als Wissenschaftler oder als Politiker nicht zwei bis drei Szenarios in petto hat, braucht gar nicht erst an Diskussionen teilzunehmen.

Szenarios kann natürlich nicht jeder entwerfen, dazu braucht man Experten und Berater. Aus deren Sicht besteht der Vorteil des Szenarios gegenüber den Vorhersagen darin, daß das Szenario nur eine Möglichkeit von mehreren beschreibt. Experten und Berater haben deshalb gern mehrere Szenarios im Angebot. Das hat eigentlich derjenige, der sich für Szenarios interessiert, auch, allerdings ohne es zu wissen; er fragt ja nach den Szenarios, gerade weil er sich über das richtige Szenario nicht im klaren ist. Das kennen aber auch die Experten und die Berater nicht.

T

»Oder habet ihr vernommen,
Daß es bald zu Ende geht?
Daß die Zeiten nächstens kommen,
wo kein Mensch mehr deutsch versteht?«

Heinrich Hoffmann von Fallersleben (1798–1874)

tiefgreifend Wenn in der Politik heute noch von Reformen gesprochen wird (der Begriff hat ja an Strahlkraft deutlich verloren), dann immer in Verbindung mit »tiefgreifend«. Tiefgreifende Reformen sind im modernen Blähdeutsch zu einem Automatismus geworden, so wie »kristallklares Wasser« oder »smaragdgrünes Meer« in Kitschromanen. Die Bürger sind bereit zu tiefgreifenden Reformen im Gesundheitswesen. Die PISA-Studie fordert tiefgreifende Reformen in der Bildungspolitik. Die deutsche Wirtschaft erwartet von der großen Koalition tiefgreifende Reformen unseres Wirtschafts- und Sozialsystems.

Dabei hatten doch schon die Vorgängerregierung und die Vorvorgängerregierung tiefgreifende Reformen des Gesundheitswesens, der Bildungspolitik und des Sozialsystems beschlossen. Da hilft nur noch eine tiefergreifende oder, noch besser: eine tiefstgreifende Reform.

Siehe auch »brutalstmöglich«.

titeln Eigentlich ist es nützlich, daß wir im Deutschen so bequem Hauptwörter in Verben umwandeln können: »Das Quartett führt sich auf, würgt sichs rein, kotzbrockt sich an« (aus einer Filmkritik im *Tagesspiegel*). Aber es geht eben nicht mit jedem Verb gleich gut. »Titeln« wurde in den Medien verbreitet und ist trotzdem nicht Allgemeingut geworden. Vielleicht, weil es so wichtigtuerisch klingt? Vielleicht auch, weil uns Schlagzeilen nicht so wichtig sind, daß wir gleich ein eigenes Verb dafür schaffen wollen?

Siehe auch »mutieren«.

Toplage Maklerdeutsch. »Absolut traumhafte Toplage« bedeutet in der Sprache der Immobilienhändler, daß sich das zu erwerbende Gebäude in unmittelbarer Nähe zu einer mehrspurigen Schnellstraße befindet, von der es allerdings durch eine nicht ganz mannshohe Hecke abgetrennt ist.

Siehe auch »parkähnlich«.

transdisziplinär Die Vorsilbe »trans« war unseren Vorfahren allenfalls durch die Transsibirische Eisenbahn bekannt. Später kamen dann noch die Transvestiten und die Transfusion dazu. Bis sich ein findiger Schreiber fragte: Wie peppe ich einen banalen Begriff oder Gedanken möglichst preiswert auf? – und sein Blick auf das lateinische Wörtchen »trans« fiel. Das heißt »jenseits«, also befindet sich ein transdisziplinärer Sonderforschungsbereich jenseits aller Disziplinen – im wissenschaftlichen Niemandsland sozusagen.

Gemeint ist natürlich »interdisziplinär«, nur klingt das nicht so anspruchsvoll.

transkulturell Wo sonst noch braucht ein simpler Sachverhalt etwas philosophische Erhöhung? In der Außenpolitik: National? International? Transnational! (Gemeint ist vermutlich »länderübergreifend«.) Und natürlich im deutschen Feuilleton. Seit einigen Jahren nervt man uns dort mit transmodernen Befindlichkeiten und transintellektuellen Diskursen auf fast jeder Seite. Wie fragt die Berliner *Welt* in einem Bericht über Zuwandererkinder so bang: »Trifft das Wort interkulturell, oder sollte man gleich transkulturell sagen?«

Ja, wenn's der Wahrheitsfindung dient!, möchte man gern dem Schreiber antworten. Und laß uns hinfort mit dem Geschwätz in Ruhe.

traumatisiert Spätfolge der psychoanalytischen Durchdringung der Alltagswelt. Früher war man verärgert, wütend, auch schockiert – heute ist man gleich traumatisiert. So wie dieser Tage die Passagiere eines Air-France-Fluges nach Paris; an Bord war auch ein amerikanisches Schlagersternchen. Da der Pilot Geburtstag hatte, sang sie auf dessen Wunsch ein kleines Lied, worauf mehrere Passagiere vor Gericht gezogen sind; sie fühlten sich ob dieser unerwarteten Musikberieselung »traumatisiert« (nachzulesen in der *Welt*).

Treiber Ein altes Wort in neuer Bedeutung. »Treiberchen schießen« war einst die Verballhornung des Jagdsports in den Reihen des deutschbaltischen Adels. Heute tut der Treiber das, was er seinem Wortstamm nach soll: er treibt, statt selbst getrieben zu werden. In einer Zeit, die den dynamischen Wandel predigt, ist der Treiber etwas von Natur aus Positives: ein Leistungstreiber zum Beispiel. Volkswirtschaftlich betrachtet, kann etwa das Potential starker Individuen als Leistungstreiber betrachtet werden. Auf der freien Wildbahn des Markts ergreift der Leistungstreiber die Initiative zur marktwirtschaftlichen Tat. Zu dumm, daß es da auch noch den Kostentreiber gibt. Vielleicht ist sogar der Leistungstreiber zugleich ein Kostentreiber? Die Lösung: »Kostentreiberchen schießen.«

Trennungskultur Daß Ehepartner, Lebensgefährten oder Lebensabschnittsgefährten auf anständige Weise auseinandergehen sollen, wenn sie sich nicht mehr verstehen, braucht in den Jahren Null einen eigenen Fachausdruck: die Trennungskultur. Eine ganze Kultur können Normalsterbliche wohl kaum aus eigener Kraft zustande bringen. Daraus ergeben sich drei Konsequenzen: einen Trennungsberater einschalten, unanständig auseinandergehen oder zusammenbleiben.

Siehe auch »Entfeindungskultur«.

U

»Die Sprache zugleich reinigen und bereichern,
ist das Geschäft der besten Köpfe.«

Johann Wolfgang von Goethe (1749–1832)

Überalterung Eine Folge der »demographischen Entwicklung« und ein Zentralbegriff der Jahre Null. Die Deutschen werden immer älter. Wer soll einmal unsere Rente zahlen?

Erstaunlich ist dabei vor allem das Erstaunen: Warum bloß hat uns niemand vor 20 Jahren gesagt, daß die damals über 45jährigen 20 Jahre später über 65 sind?

überwiegende Mehrzahl Die Mehrzahl ist das, was gegenüber der Minderzahl überwiegt. Daß sie gegenüber dem Rest überwiegt, ist das, was die Mehrzahl ausmacht. Eine Mehrzahl, die nicht überwiegt, ist etwas, das nicht existiert. Was ist also der Sinn jener immer wieder gehörten Aussage, man habe die überwiegende Mehrzahl erreicht? Ist es die Unterscheidung gegenüber der knappen Mehrheit? Wahrscheinlich. Nur ist es falsch.

Umdenkungsprozeß Zwar hat unser Land in vielem kein Erkenntnisproblem, sondern ein Umsetzungsproblem, wie Roman Herzog einmal formuliert hat. Gleichwohl ist immer noch die Formel beliebt, in diesem oder jenem Bereich hätte nun endlich ein »Umdenkungsprozeß« eingesetzt. Da ist es verwunderlich, daß es noch nicht den Begriff des Umdenkers gibt, obwohl es doch ansonsten von Querdenkern, Vordenkern und Meisterdenkern nur so wimmelt.

umsetzen Managerdeutsche Umdeutung eines alten Verbs. Umgesetzt wurden schon immer Schulkinder (wenn sie zuviel mit dem Banknachbarn schwatzten) oder Zuckerrüben. Heute werden dagegen Philosophien (siehe dort) und Strategien umgesetzt. Wenn auch nicht von A nach B, so doch im übertragenen Sinn aus der Phantasie des Umsetzers in die Wirklichkeit. Es sei denn, der Umsetzer wird vorher abgesetzt.

Warum scheuen eigentlich die Umsetzer das deutliche deutsche Verb »verwirklichen«? Wohl weil es zu mehr verpflichtet als umsetzen.

Siehe auch »abbilden«.

umzingelt »Einladende Tischarrangements, umzingelt von diversen Eßangeboten«, heißt es in einer Beschreibung sogenannter food courts, die in üppigen Kauferlebnisparks den Kunden einen Anreiz zum Verweilen bieten sollen. Wenn man schon nicht zum Kauf verführen kann, dann kann man es ja wenigstens einmal mit Nötigung versuchen.

unbegrenzt ausbaubar Maklerdeutsch. Das Objekt kann »aufgrund des günstigen Kaufpreises frei nach Ihren Bedürfnissen und Geschmack renoviert und umgebaut werden«. Prima, zumal der Kaufpreis nur knapp über 500 000 Euro liegt! Da ist doch noch viel Luft für einen aufwendigen Ausbau.

ungeil Nicht gerade die eleganteste und originellste, aber immerhin eine deutsche Wortschöpfung der letzten Jahre, abgeleitet aus dem »geil« der 90er Jahre, das seine ursprünglich triebbezogene Bedeutung eingebüßt hat. Neu ist die Verneinungsform »ungeil«, was nicht etwa prüde, sondern soviel wie öde oder langweilig bedeutet.

University of Applied Sciences So nennen sich inzwischen die deutschen Fachhochschulen, allen voran das Harvard des Schwarzwalds, die »International University of Bruchsal«. Hier werden Bachelors und Masters ausgebildet, daß es nur so kracht, und die Internet-Seiten sind konsequent zweisprachig, deutsch und englisch, angelegt. Während man auf der englischsprachigen Startseite etwa zwischen »home«, »programs« und »admissions« wählen kann, bietet die deutsche Seite »programs«, »home« und »admissions« an.

Siehe auch »Exzellenzcluster«.

unprofessionell Das Schimpfwort der Jahre Null. Wenn die Welt schon kalt und unmoralisch ist, muß sie wenigstens professionell gestaltet werden. Und diese Fähigkeit lassen wir von niemandem in Zweifel ziehen.

Ein Profi zu sein, etwas so gut zu können, daß damit auch außerhalb eines gewöhnlichen Arbeitsverhältnisses Geld zu verdienen ist, erscheint vielen Zeitgenossen heute als der Gipfel des Erstrebenswerten. Ob es sich dabei um das Schlagen nach Golf- oder Tennisbällen oder um das Verscherbeln gefälschter Rolex-Uhren über das Internet handelt, ist erst in zweiter Linie wichtig – Hauptsache, professionell.

unterwegs sein Rastlos streben junge dynamische Führungsnachwuchskräfte dem Erfolg entgegen, weshalb sie ständig unterwegs sind. »Wo bist du gerade unterwegs?« fragt eine Führungsnachwuchskraft die andere. »Ich bin in Sachen Change Management unterwegs«, lautet die Antwort. Meist handelt sich allerdings um rasenden Stillstand.

Siehe auch »aufschlagen«.

Userschaft Deutsch-englische Mischform, ähnlich wie »Push-up-BH« oder »wegzappen«. Mittlerweile spricht man, bezogen auf Internet- und PC-Nutzer, nicht mehr ausschließlich von »Usern« wie in den Neunzigern, sondern immer häufiger einfach von »Nutzern«. Da kommt die Mischform »Userschaft« gerade nicht recht. Warum nicht schlicht »die Nutzer«?

V

»Es ist bekandt,
daß die Sprach ein Spiegel des Verstandes,
und dass die Völcker,
wenn Sie den Verstand hoch schwingen,
auch zugleich die Sprache wohl ausüben.«

Gottfried Wilhelm Leibniz (1646–1716)

Verbeitragung Eine Erfindung der FDP, auf die sie so stolz war, daß sie dazu gleich eine Anhörung im Deutschen Bundestag durchsetzte. Nach der »Anhörung zur Verbeitragung von Betriebsrenten« dürfte das Projekt 18 Prozent noch etwas ferner gerückt sein.

Siehe auch »Bescheidrückübermittlung«.

Verdenkmalung Es geht um Rosa Luxemburg und warum man ihr erst jetzt eine öffentliche Ehre erweisen will. »Warum ist sie nun für die SPD/PDS-Koalition so attraktiv, daß man einen Künstlerwettbewerb für ihre umgehende Verdenkmalung auf dem Rosa-Luxemburg-Platz ausloben will?« fragt der *Spiegel*. Nachdem das Hamburger Wochenmagazin bereits die »Verspargelung« (siehe dort) der Republik durch Windkrafträder attackierte – steht uns jetzt eine Kampagne gegen die Verdenkmalung des Landes durch eine übermäßig hohe Zahl von Denkmälern ins Haus?

verharzt Modewort aus den Reihen der Flexibilisierungsfreunde. In ihren Augen neigen »Strukturen«, also organisierte Gebilde jeder Art, dazu, sich zu verhärten, inflexibel zu werden und deshalb nicht in der Lage zu sein, auf den »permanenten Wandel« der Umwelt angemessen zu reagieren. Diese trockene Erkenntnis kleiden die rhetorisch Bewegten unter den Flexibilisierungsfreunden gern in Worte, die sie aus der Welt der Natur ableiten. Sie hoffen so, daß ihre dürren Erkenntnisse kraftvoller daherkommen. »Verharzte Strukturen« sind also nicht solche, die durch die Hartzschen Reformen entstanden sind (obwohl das auch nicht auszuschließen ist), sondern solche, die bildlich durch den Naturstoff des Harzes verfestigt sind. Ebenso beliebt sind »verkarstete Strukturen«, solche also, die an die Landschaften denken lassen, in denen die Winnetou-Filme der 60er Jahre gedreht wurden, überwiegend in Jugoslawien übrigens. »Verkarstete Strukturen« haben den Gegenstand, den sie strukturieren sollten, durch Erosion zum Verschwinden gebracht. Besonders dramatisch wird es dann, wenn Verharzung und Verkarstung gleichzeitig auftreten. Dann muß man die Sache den Naturwissenschaftlern überlassen.

Siehe auch »Blockaden aufheben«.

vermauten Bürokratendeutsch. Nachdem die tollen Collectoren auf den deutschen Autobahnen so toll toll-collecten, sollen nun auch die Bundesstraßen gebührenpflichtig, also vermautet werden. Vermautete Bundesstraßen – der Schritt auf dem Weg zur toll-collecteten Sackgasse.

Siehe auch »Verbeitragung«.

vernetzt Ein neuer Aggregatzustand der Jahre Null: fest, flüssig, gasförmig, vernetzt. Denken allein reicht nicht mehr. Es muß vernetzt sein. Vernetztes Denken setzt voraus, daß es auch nichtvernetztes Denken gibt, sonst müßte man das Vernetzte am Denken ja nicht extra hervorheben. Was aber ist eigentlich nichtvernetztes Denken? Ist nicht der Akt des Denkens gerade das Herstellen von Verbindungen, Kombinationen?

Auch der Mensch als solcher zählt nicht mehr. Er muß gut

vernetzt sein. Der moderne Mensch denkt vernetzt und ist vernetzt. Zu deutsch: Er kann denken und kennt Leute. Das war eigentlich immer schon von Vorteil. Aber so einfach wollen wir es nicht sagen in unserer bedeutsamen Zeit.

Siehe auch »globales Networking«.

verorten Feuilletondeutsch. Zustände werden nicht erkannt, und Gegenstände werden nicht gesehen – sondern verortet. Das Verorten ist im heutigen Deutsch die geistig veredelte Form der Wahrnehmung. Die Familie »als Keimzelle des Neurotischen«, der Iran als »Land auf der Achse des Bösen«, die moderne Popmusik als »Sinnstifter des 21. Jahrhunderts« – alle finden sich in deutschen Feuilletons »verortet«. Und natürlich die Frauen: »Geschlechterpolitisch überkorrekte Geisteswissenschaftler … dürften sich nach ihrem Studium geschworen haben, so rasch kein Buch mehr anzurühren, das hinter starken Männern unbedingt starke Frauen verorten will« *(Die Welt)*.

Zuweilen behält »verorten« noch die wörtliche Bedeutung von »den Ort oder die geistige Heimat einer Sache oder einer Person ausmachen«. Aber auch dann klingt es geschwollen. Wo »will man Jugendliche verorten, die in Deutschland geboren und aufgewachsen sind, deren Eltern aber aus anderen Ländern stammen?« fragt die *Welt*. Die Antwort liegt auf der Hand: In Gelsenkirchen oder Castrop-Rauxel, wo die Jugendlichen eben wohnen.

Siehe auch »vor Ort«.

verpartnern Rot-Grün-Deutsch. In einer Zeit, in der das bürgerliche Ideal der Trennung von Privat- und Berufsleben durch das Modell der globalen Geschäftsbeziehungen abgelöst wird, sind althergebrachte Begriffe zur Bezeichnung von privaten Verhältnissen wie Freund oder Geliebter überholt. An deren Stelle ist der Oberbegriff des Partners gerückt. Partner bezeichnet zunächst die Idee einer zweckgerichteten Verbindung von Menschen. Der Zweck muß dabei gar nicht unbedingt vernunftgeleitet sein, es muß nur ein Zweck sein: zum Beispiel der Zweck der geschlechtlichen Verbindung beim Sexualpartner.

Der Begriff des Partners erweckt den Anschein, als enthalte er sich jeder moralischen Wertung. Schließlich gibt es auch den Zweck der militärischen Ordnung beim Begriff Sicherheitspartner. Um Ordnung geht es auch beim Verkehrspartner im täglichen Autobahnkrieg. Das Geschäftsmäßige, Ordnungs- und Zweckbezogene des Partners finden wir natürlich in Reinform beim Geschäftspartner – wir finden es aber auch beim Lebenspartner, beim Lebensabschnittspartner, beim Ehepartner und beim gleichgeschlechtlichen Ehepartner. Der Partner birgt als Begriff keinerlei Ausdruck von Nähe, Gefühl, Privatheit. Er hat den Charme einer vollständigen Versachlichung menschlicher Beziehungen. Das macht den Partner so gnadenlos – und manchmal auch so gnadenlos deplaziert und komisch; dann nämlich, wenn die deutsche Verwaltungssprache davon spricht, daß sich Menschen verpartnern (im Fall der sogenannten Homo-Ehe). Das klingt so wie der neugeschaffene Begriff des Verpfandens beim Dosenpfand. Nur daß es beim Verpartnern eigentlich um etwas mehr geht, historisch, moralisch und menschlich. Aber das lassen wir hübsch außen vor.

verpfanden Rot-Grün-Deutsch. Was »verpfänden« bedeutet, ist bekannt. Es ist ebenso wie das neue Wort »verpfanden« aus dem »Pfand« abgeleitet. Nur bedeutet verpfänden im engeren Sinne, einen Gegenstand aus Geldnot ins Pfandhaus zu tragen und dort einen Betrag bis zur erhofften Auslösung des Gegenstands zu erhalten.

»Verpfanden« ist dagegen ein Begriff aus der Neuordnung des Dosenpfands durch Rot-Grün. Belastet durch die anfänglichen organisatorischen Wirren bei der Einführung des Dosenpfands – eigentlich eine gute Idee –, klingt bei »verpfanden« das Räderwerk ministerieller Bürokratie durch.

Siehe auch »Pfandkonsens«.

Verspargelung Wortschöpfung aus dem politischen Kampf gegen die Windenergie. Die Windräder »verspargeln« die Landschaft, so lautet der Vorwurf. Es gehört einige Abstraktionsfähigkeit dazu, sich Windräder als Spargel vorzustellen. Wahrscheinlich fehlt es den beherzten Landschaftsbeschützern an echter Anschauung. Ein kurzer Blick auf den Spargel belehrt einen, daß »Verspargelung« ein passender Begriff zur flächendeckenden Einführung des Spargels auf sämtlichen Anbauflächen Deutschlands wäre, daß er aber nicht zur Kritik an den Windrädern paßt. Im übrigen sehen Spargel deutlich harmloser aus als Windräder. Eher auf den Punkt brachte der frühere Bundespräsident Johannes Rau die Kritik an den Windrädern, indem er gern folgenden Witz erzählte: Zwei Ostfriesen stehen vor einem Windrad. Sagt der eine zum anderen: »Was das wieder für'n Strom kostet.«

Verständigungshorizont Hinter diesem Weichmacherwort verbirgt sich häufig eine besonders raffinierte Art, seine eigene Meinung durchzusetzen. Derjenige nämlich, der die Meinung des Redners nicht teilt, wird umgehend als jemand angegriffen, der nicht einmal bereit ist, gelegentlich einen anderen Verständigungshorizont zu akzeptieren. Akzeptiert er ihn aber, so ist er umgehend seine eigene Meinung los. Denn den Verständigungshorizont bestimmt der Redner allein.

Verwöhnstandort Neuschöpfung aus der Welt des Heimattourismus. Der Verwöhnstandort Deutschland ist die produktive Nutzung der Kohlschen Klage über den »kollektiven Freizeitpark«. Was in den 90er Jahren zum Zornesausbruch des Kanzlers führte, hat sich inzwischen zu einem echten Wettbewerbsvorteil für unser Heimatland gemausert. Hätte der Kanzler das gedacht?

Siehe auch »alpine Gesundheit«.

verzagte Bevölkerungsdynamik Politikerdeutsch für »die Deutschen altern und schrumpfen«, aber mit anderem Grundton gesagt. Denn Dynamik ist nach Meinung des Redners ja da, nur nicht genug davon. Oder: Dynamik ist da, nur zugleich eben nicht, nämlich im Grade null. Also, eigentlich müßte Dynamik da sein, und potentiell ist sie da, aber nur gerade im Moment nicht, was aber nicht heißt, daß sie prinzipiell nicht da ist. Sie traut sich nur nicht. Sie ist verzagt, eingeschüchtert, verschreckt. Ja, warum ist sie denn verzagt, die Bevölkerungsdynamik? Eigentlich müßte doch die Lust am Kinderkriegen wieder richtig groß werden, wenn man solch schöne Wörter hört wie verzagte Bevölkerungsdynamik!

Siehe auch »deutsche Vitalitätslücke«.

virtuell Zentrales Beiwort der Jahre Null. Beruhigend ist allerdings, daß die Bewältigung komplizierter Sachverhalte doch noch des tatsächlichen Gesprächs bedarf.

Siehe auch »Erlebniswelten«.

voll Jugendsprache. »Voll« ersetzt frühere Steigerungsformen wie »total« oder »irre«. Mit der Verwendung von »voll« kommen manche Heranwachsende derzeit bereits auf nahezu 30 Prozent des für ihr tägliches Ausdrucksverlangen nötigen Wortschatzes. »Voll geil« oder »voll cool« kennzeichnen den Ausdruck größter Zustimmung. Haarig wird es bei »boah, das ist ja voll das leere Kino«. »Voll leer« wird aber nicht als widersinnig empfunden, höchstens das Erstaunen darüber.

Siehe auch »supi«.

Vordenker In der Erlebnisgesellschaft ist das Vordenken dem eigentlichen Nachdenken überlegen. Denn erstens ist es vorgedanklich und steht damit dem heute beliebtesten Gefühlszustand, dem Bauchgefühl, näher. Und zweitens ist es schneller als das Nachdenken. Schnelligkeit aber ist derzeit ein Wert an sich.

vor Ort Das Tatmenschen-Gegenstück zu verorten. Kontemplative Menschen verorten vorzugsweise andere, aktive Zeitgenossen begeben sich selbst vor Ort.

Ursprünglich war damit im Bergbau die Stelle unter Tage gemeint, wo man die Kohle abbaut, wo man hämmert und meißelt. Diese Bedeutung entleihen sich moderne Macher, aber oft auch Bürokraten, die das Machen nur vortäuschen. Da in der vernetzten Welt das vernetzte Denken zu immer mehr Virtualität führt, hat das Tun vor Ort so etwas angenehm Verläßliches und Beruhigendes an sich. Verdächtig nur, daß so viel davon geredet wird, vor allem von jenen, die eher vernetzt denken als vor Ort handeln.

Vorteilspack Werbedeutsch. »Pack schlägt sich, Pack verträgt sich«, lautet ein altes Sprichwort. Wenn Pack sich miteinander verträgt, kommt dann ein Vorteilspack dabei heraus? Nein, Vorteilspack ist der Versuch, economy pack oder value pack einzudeutschen. Immerhin, ein Versuch. Pack ist allerdings im Deutschen eben keine Packung. Vorteilspakkung wäre deshalb die bessere Eindeutschung – allerdings nicht so schräg.

W

»Ein Volk hat keine Idee,
zu der es kein Wort hat.«

Johann Gottfried von Herder (1744–1803)

Was will Deutschland? Politikberater-Deutsch. Was Deutschland will? Ja, das wüßten wir alle gern! Aber was ist denn eigentlich Deutschland? Wer ist hier genau gemeint? Das wissen nur sie, die Politikberater. Sie bündeln das große Ganze in griffigen Formeln und haben doch zugleich alle feinen Unterschiede zur Hand. Sprechen wie *Bild*, aber denken wie Kant!

weiterentwickeln Beschönigungsdeutsch. Bedeutet sowohl »einsparen, zusammenstreichen« als auch »Kasse machen«, je nachdem, um wen oder was es geht. »Wir haben die betriebliche Altersvorsorge modifiziert und das System der fixen und variablen Vergütung für unsere Führungskräfte weiterentwickelt«, hieß es kürzlich auf einer Hauptversammlung der Deutschen Post AG. Die normalen Postler kriegen weniger, die Führungskräfte mehr? Wundern würde es uns nicht.

weitergehender Vorentwurf In jener Welt, wo jede Zeile zählt, in der Welt der Non-Paper, der Vorentwürfe, dort also, wo echte Bürokratie waltet, braucht man Geschicklichkeit und Geduld bis zur Selbstverleugnung, um die Klippen bis zum Gesetzesentwurf zu überwinden. Da ist es gut, verschiedene Zwischenstufen einzuziehen, die einem jederzeit Rückzugsmöglichkeiten eröffnen. Eine solche ist der Vorentwurf. Zwar ist schon ein Entwurf noch nichts endgültig

Verbindliches, denn seine Natur ist es, verändert werden zu können.

Noch zurückhaltender jedoch ist der Vorentwurf. Er ist eigentlich noch gar nicht da. Zwischen Vorentwurf und Entwurf steht daher also ein Schritt, nämlich vom Nichtsein zum Dasein eines Textes. Gerade dieser Schritt ist es nun, der im bürokratischen Alltag dem einen oder anderen den Schweiß auf die Stirn treibt. Denn der Schritt muß ja gegangen werden. Er verlangt eine Entscheidung. Doch da bietet sich ein neuer Zwischenschritt an. Es ist der »weitergehende Vorentwurf«, ein Vorentwurf also, der sich über sein Nichtsein hinauswagt, aber nur bis zum allerersten Stirnrunzeln des Vorgesetzten, mit der Möglichkeit, sich jederzeit wieder in den Status des Vorentwurfs zurückzuziehen. So kommen wir voran!

Weltstadthäuser Marketingdeutsch. Weltstadthäuser sind Großkaufhäuser. Wo stehen sie? In Tokio, Berlin, New York, Paris? Nein – und da werden sich die Oberbürgermeister mancher deutschen Stadt freuen: Weltstadthäuser gibt es auch in Düsseldorf und Essen. Wenn erst einmal das Weltstadthaus da ist, kann die Weltstadt ja noch folgen.

Wende auf dem Getränkemarkt Die »Wende« steht eigentlich nicht gerade hoch im Kurs. Der »Wandel« hat ihr den Rang abgelaufen. Liegt es an der nicht geschehenen »geistig-moralischen Wende«, die Kanzler Helmut Kohl einst vergeblich in Aussicht stellte? Liegt es daran, daß sich die Wende von 1989 schwierig gestaltete? Statt dessen also der »Wandel«, den viele mißverstehen, denn er bedeutet gerade nicht rasche, sondern gemächliche, allmähliche Veränderung. Da könnte es einen fast schon freuen, daß im Einzelhandel von einer »Wende auf dem Getränkemarkt« die Rede ist. Wenn schon nicht andere Kehrtwenden gelingen, dann wenigstens die auf dem Getränkemarkt. Sie klingt auch, als sei sie eine Art Naturereignis, also nicht geplant und gemacht. Ob wir daraus zumindest etwas Nutzen für den »Wohlfühlstandort Deutschland« ziehen können?

Wertigkeit Ursprünglich Beraterdeutsch, inzwischen aber allgemeinsprachlich verwendet. Wertigkeit bedeutet schlicht, daß etwas einen Wert hat, heißt also nichts anderes als ebendieses: Wert. Allerdings führt der häufige Gebrauch dazu, daß Wert immer weniger in seiner ursprünglichen Bedeutung verstanden wird, sondern dazu einen Zusatz braucht, wie zum Beispiel »von hohem Wert«.

Dergleichen Übertreibungen sorgen aber in unserer werbegesteuerten Zeit für rasche Abnutzung, wie im Fall von Wert, und das gleiche erfährt logischer- und gerechterweise auch die Wertigkeit; allein reicht sie mittlerweile nicht mehr aus. Man spricht deshalb von hoher Wertigkeit oder Hochwertigkeit. Auch hochkarätige Wertigkeit war schon zu hören. Denkbar ist aber auch hochwertige Karätigkeit oder karätige Hochwertigkeit, zumal karätig interessanterweise immer mehr mit hochkarätig konkurriert. Die eine Übertreibung muß eben an anderer Stelle wieder ausgeglichen werden.

Siehe auch »qualitativ hochwertig«.

willkommen zurück Hört man zunehmend von Amerikanern mit deutschem Paß anstelle von »willkommen zu Hause« oder »schön, daß du wieder da bist«. Vorbild ist natürlich »welcome back«.

Siehe auch »nicht wirklich«.

Win-win-Situation Managerdeutsch für die besondere Kunst, Verhandlungen so zu lenken, daß beide Seiten am Ende im Vorteil sind und daß der Vorteil des einen sogar den des anderen bedingt. Diese Kunst erfordert mindestens zwei Fähigkeiten: hohen Sachverstand, denn die Verhandlungsgegenstände lassen den Vorteil beider Parteien nur bei genauester Kenntnis herausschälen; und Fairneß, denn ohne faire Grundhaltung macht man sich gar nicht erst auf die Suche nach beiderseitigem Vorteil.

Partnerschaftliches Verhandeln ist hierzulande noch nicht in den Nationalcharakter eingeflossen. Das erkennt man auch daran, daß die Win-win-Situation in Fachkreisen noch unübersetzt ist. Wie wäre es mit »Vorteilspartnerschaft«?

wir Dieses unscheinbare Fürwort rückt in den Jahren Null an die Spitze der Wörter, die in den Werbesprüchen deutscher Unternehmen vorkommen – kein anderer Begriff taucht derzeit derart oft auf Plakaten, in Zeitungsanzeigen und in Werbefilmen auf: »Wir sind unterwegs«, entschuldigt sich die Firma Toll Collect; »Das wir gewinnt«, wirbt die Aktion Mensch, und »Wir Kitekat-Katzen sind herrlich gesund«, berichtet uns die Firma Masterfoods.

Zu Konrad Adenauers Zeiten hieß der Sieger »gut«. Da drängt sich doch der Eindruck auf, daß die Werbeleute gern an Dinge appellieren, die man am schmerzlichsten vermißt: die gute Butter nach dem Krieg und das kuschelige Wir-Gefühl im modernen Globalisierungsfieber.

wirklich bedürftig Koalitionsdeutsch für Sozialhilfeempfänger, die ihre Unterstützung zu Recht beziehen. Auf die »wirklich Bedürftigen« wolle die große Koalition Hartz IV konzentrieren, schreibt die Berliner *Welt*. Aber wer die »nicht wirklich Bedürftigen« sind, erfährt man nirgendwo.

Siehe auch »nicht wirklich«.

Wir müssen endlich dahin kommen, daß ... Politikerdeutsch. Wir wissen zwar nicht wie. Und wir glauben auch nicht, daß es geht. Aber das sagen wir so offen nun auch wieder nicht. Wir schieben den Stillstand besser anderen in die Schuhe. Also: Wir müssen endlich dahin kommen, daß ... Und wenn wir nicht dahin kommen, dann waren die anderen schuld.

Siehe auch »Was will Deutschland?«

wissenschaftlich erwiesen Diese Wunderformel findet sich vor allem in der modernen Literatur zu Kornkreisen und Sphärenstrahlen. Auch in Büchern über Mondphasen oder Wünschelrutengehen wird sie oft verwendet, und wann immer wir von Außerirdischen lesen, die vor 10000 Jahren Atlantis gegründet haben sollen, folgt der Hinweis, das sei wissenschaftlich nachgewiesen.

Echte Wissenschaftler dagegen betonen eher selten, daß irgend etwas wissenschaftlich erwiesen sei. Sie sind zufrieden, wenn sie Unfug als Unfug entlarven können. Wie die These, die Erde sei der Mittelpunkt des Universums. Oder daß Atome sich nicht spalten ließen, wie noch vor weniger als 100 Jahren von Nobelpreisträger Ernest Rutherford mit großer Entschiedenheit vertreten. Oder daß, wie Aristoteles verkündete, schwere Gegenstände schneller zu Erde fallen als leichte. Die endgültige Wahrheit bekommen Wissenschaftler nur selten zu fassen. Sie laufen ihr eher hinterher wie einem Regenbogen. Wenn also jemand zur Beschwörung Zuflucht nimmt, seine oder ihre Thesen seien wissenschaftlich erwiesen, liegt der Verdacht nahe, daß sich kein echter Wissenschaftler der Sache jemals angenommen hat.

Trotzdem beruhigt es uns natürlich, wenn wir lesen (*Bild*, 2.4.2004), es sei wissenschaftlich erwiesen, daß häufiges Küssen das Leben verlängert.

Wissenschaftscluster Ein neuer Name für die schöne Stadt Braunschweig. In ihrer Bewerbung um den Titel »Stadt der Wissenschaft 2007« präsentiert sie sich als der »innovativste und erfolgreichste Wirtschafts- und Wissenschaftscluster Niedersachsens«. Und als das größte Dummschwätzercluster noch dazu.

Wohlfühl-Feeling Das, was die sympathische Sängerin Annett Louisan verbreitet, wenn sie singt. Sie ist nämlich eine »musikalische Powerfrau«, die ihre Lieder auf eine Weise vorträgt, »daß Wohlfühl-Feeling garantiert ist« (aus einer Konzertkritik). Und zwei Zeilen weiter: »Statt einer actiongeladenen Show bietet der Auftritt des blonden Stimmwunders vor allem eines: smoothe Wohlfühl-Stimmung.«

Kann man eigentlich als Künstler einen Kritiker verklagen?

Wohlfühlmarkt Daß wir Deutschen ausgerechnet in den Jahren Null, die eine Abneigung gegen »Kuschelpädagogik« und »Schmusekurse« verspüren, einen Hang zum Wohlfühlen haben, ist zumindest bemerkenswert. So ganz soll das Sichwohlfühlen wohl doch nicht abgeschafft werden. Vielleicht ist es so, daß es aus den früher sogenannten zwischenmenschlichen Beziehungen verschwinden soll, bei denen heute eher Sachlichkeit angestrebt wird. Erwünscht ist das

Sichwohlfühlen statt dessen in ehemals eher sachlich bestimmten Bereichen wie Supermärkten oder Wirtschaftsstandorten: Im »Wohlfühlmarkt« sollen wir es uns nun gutgehen lassen. Da sollen wir so richtig aus uns rausgehen. Da sollen wir Kunden uns jetzt richtig »rundum wohlfühlen«. Warmherzig wird uns die Kassiererin beim Zahlen anblikken. Wir schauen traurig zurück, während wir den Kassenbon betrachten. Ob sie uns nun die Zahlung erlassen wird? Wir würden uns dann deutlich wohler fühlen. Ja, schön ist es im Wohlfühlmarkt. Wie schön muß das Leben dann erst am »Wohlfühlstandort Deutschland« sein?

Wohlfühlstandort Der Standort für das Wohlfühl-Feeling. Neben dem Hamburger Stage Club zählt dazu auch der komplette Freistaat Bayern. »Sommer, Sonne, CSU!« warb man zur Zeit von Franz Josef Strauß. Heute läßt die bayerische Staatsregierung verlauten, sie wolle ihr Staatsgebiet zu einem Wohlfühlstandort machen. Da stellen wir uns gern einmal ein alpines Wellness-Wochenende in Begleitung von Mitgliedern der Staatsregierung vor oder auch Wohlfühlgespräche mit dem Herrn Ministerpräsidenten, so ganz heimelig von Bürger zu Landesvater. Und wenn dann die lila Milka-Kuh mit der Glocke um den Hals so recht von Herzen bimmelt und resche Madeln und Hirten singend ins Dörfel hinunterziehen und die Sonne hinterm Kirchturm untergeht, ja, dann ist alles vergeben und vergessen, dann heißt es nur noch: Wohl fühlen in Bayern.

Siehe auch »alpine Gesundheit«.

Wohngourmet Maklerdeutsch für Menschen, die als Käufer von »Architektenhäusern« in Frage kommen. Unter dieser Bezeichnung werden üblicherweise völlig verbaute Objekte angeboten, in denen kein normales Möbelstück vernünftig aufgestellt werden kann – Ergebnis des fragwürdigen Versuchs, die Gesetze des Raums und der Statik zu überwinden. Diese Objekte sind ebenso teuer wie unpraktisch und werden zudem zu Liebhaberpreisen angeboten – eben für Gourmets.

Wohnzimmertechnik Technik dient nicht mehr, sie herrscht. So wie es – trotz aller Ökologie – angesagt ist, stark motorisierte Autos mit bis zu vier dicken Auspuffrohren zu fahren, so wird es Mode, Technik in allen möglichen Lebensbereichen zur Schau zu stellen. Früher hätte man »Wohnzimmertechnik« für ein Oxymoron gehalten, wie den Liegesitz, den Schubtraktor oder den Goetheschen »Wonnegraus« aus *Faust I.* Im gegenwärtigen Verständnis bilden Wohnzimmer und Technik keinen Gegensatz. Die gute alte Fernsehtruhe hat hochtechnische Konkurrenz bekommen, das Wohnzimmer wird zur technischen Schaltzentrale des Wohnkomforts, Großkonzerne wie Sony, Matsushita und Samsung kämpfen in der ehemals guten Stube um jeden Zentimeter. Die Menschen, die dort wohnen, stören dabei ein bißchen. Noch.

Siehe auch »Sanitärobjekte«.

Z

»Wenn die Menschen keine Phrasen hätten,
brauchten sie keine Waffen.«

Karl Kraus (1874–1936)

Zeitfenster Diese durchaus kreative Neuschöpfung ist auf dem besten Wege, an übermäßiger Verbreitung wieder einzugehen. »In einem Zeitfenster, das im wesentlichen die Jahre zwischen 30 und 40 erfaßt, sollen Partnersuche, Arbeitsplatzbeschaffung und das Kinderkriegen erledigt werden«, schreibt die Berliner *Welt*. Hier paßt das Bild eines unter Umständen auch geschlossenen Fensters noch ganz gut. Aber wenn der Bundesverband der deutschen Industrie (BDI) uns mahnt, jetzt sei doch das Zeitfenster für die Bundesregierung, kraftvoll Reformen anzugehen, fragt man sich: Warum sagen sie nicht einfach, »jetzt ist Zeit«?

zeitnah Neuteutonisch für jede Zeitspanne zwischen »sofort« und »irgendwann«. Zeitnah und zügig will etwa Niedersachsens Umweltminister Hans-Heinrich Sander die Endlagerung radioaktiver Abfälle betreiben. Wann genau das gute Werk beginnen oder gar beendet werden soll, läßt er damit offen. Genausowenig finden wir Erleuchtung, wenn uns Bundesärztekammerpräsident Jörg-Dietrich Hoppe aufklärt, eine Patientenverfügung müsse »präzise, zeitnah und unter dem Eindruck der konkreten Situation abgefaßt sein«. Hoffentlich nicht zeitnah zum Exitus. Und wenn FDP-Generalsekretär Dirk Niebel seine Parteigenossen auffordert, sich »zeitnah zur Bundestagswahl … zu möglichen Koalitionen [zu] äußern«, so sind wir danach ebenfalls nicht klüger als davor. Allenfalls könnten wir ihm leicht die Daumen drücken. Denn ohne Koalitionsaussage ist die FDP bei verschiedenen Wahlen schon ortsnah an der Fünf-Prozent-Hürde vorbeigeschrammt.

Besonders hübsch: der »zeitliche Nahbereich«.

zentraler Eckpfeiler Häufiger, aber meist unentdeckt bleibender Widerspruch, bei dem sich die Dummheit des Sprechers proportional zu seinem Dünkel verhält.

Zielgruppe Die Gesellschaften früherer Zeiten zerfielen in Adel, Bürger und Bauern. Moderne Gesellschaften gliedern sich in Zielgruppen. Zielgruppen für Fernsehsender, Schokoriegel und Versandkaufhäuser beispielsweise. Die Zielgruppe bestimmt sich nach ihrer Befähigung, bestimmten Verkaufsinteressen zu entsprechen. Eine Gesellschaft sollte deshalb mehr sein als eine Ansammlung von verschiedenen Zielgruppen, wenn sie denn Wert auf ihren Zusammenhalt und ihren Fortbestand legt. Insbesondere die deutsche Gesellschaft wäre gut beraten, das zu beherzigen.

zurückrudern Je weiter körperliche Tätigkeiten vom Alltag unserer politischen Klasse wegrücken, desto stärker ist das Bedürfnis, sie wenigstens sprachlich in das mühselige Arbeiten am Kompromiß einzubeziehen: Da ist der politische Gegner oder auch der Koalitionspartner vorgeprescht. Und nun wird genau beobachtet, wie er wieder zurückrudert. Natürlich versucht er, möglichst unbemerkt zurückzurudern. Aber wir ertappen ihn, wie er mit leisen Schlägen in seichte Gewässer zurückrudert. Und mit Genugtuung machen wir seinen kleinlauten Rückzug namhaft, damit auch ja nichts unbemerkt bleibt. Unangenehm!

zweitausendfähig Abgeleitet von »zukunftsfähig«. Die Zweitausendfähigkeit ist inzwischen wieder in Vergessenheit geraten. Zum Ende der 90er Jahre und zu Beginn der Jahre Null wurde der Begriff vielfach verwendet, mit zwei Bedeutungen. Erstens als technischer Begriff für die sachgerechte Umstellung aller Daten auf die neuen Jahreszahlen ab 2000. Dann aber als Sprachbild für die Befürchtung, vieles in Deutschland sei nicht auf das neue Jahrhundert vorbereitet. Damit wurde »Zweitausendfähigkeit« für kurze Zeit zu einem der beliebten deutschen Angstbegriffe, mit denen man sich hierzulande gern gegenseitig das Gefühl ständiger Unzulänglichkeit vermittelt.

Zweitkultur Doppeldeutig. Bedeutet einmal – im Sinn von Zweitauto – eine Ersatzkultur, die man als Multi-Kulti-Freund zur Abwechslung gern einmal annimmt, wurde aber auch als Kritik an der Idee einer Leitkultur verwendet. Wer die eigene Kultur zur Leitkultur erhebe, verweise andere Kulturen auf den zweiten Rang. Warum soll man eigentlich nicht selbst einer Kultur den Vorrang geben dürfen, ohne sich deshalb gleich dem Verdacht aussetzen zu müssen, andere Kulturen geringzuschätzen?

Stichwortregister

Danksagung

Wir danken vielen lieben Menschen, die uns als Stichwortgeber oder Testleser geholfen haben, besonders Heide Aßhoff, Gaby, Anna und Philipp Kaehlbrandt, Doris Krämer und Max Behland, dessen Glossen in der *Financial Times Deutschland* oft eine Anregung für uns gewesen sind.